Schöne Kübelpflanzen

Ulrike und Hans-Georg Preißel

Schöne Kübelpflanzen

2. Auflage
72 Farbfotos
4 Zeichnungen

E.U.
VERLAG
EUGEN
ULMER

Seite 2: Bougainvillea glabra, Drillingsblume Beschreibung Seite 60

Fotos und Zeichnungen von Hans-Georg und Ulrike Preißel
Umschlagfoto: Lantana-Camara-Hybride, Wandelröschen
Beschreibung Seite 72
Foto von Eberhard Morell

Die Deutsche Bibliothek – CIP-Einheitsaufnahme

Schöne Kübelpflanzen / Ulrike und Hans-Georg Preissel. – 2. Aufl. –
Stuttgart : Ulmer, 1996
ISBN 3-8001-6612-7
NE: Preissel, Ulrike; Preissel, Hans-Georg

Wollgrasweg 41, 70599 Stuttgart (Hohenheim)
Printed in Germany
Einbandgestaltung: Alfred Krugmann, Freiberg am Neckar
Lektorat: Ingeborg Ulmer
Herstellung: Jürgen Sprenzel
Satz: Typomedia Satztechnik GmbH, Scharnhausen
Druck und Bindung: Passavia Druckerei GmbH, Passau

Vorwort

Viele unserer einheimischen und winterharten Pflanzen können auch im Kübel zu stattlichen Exemplaren heranwachsen. Man denke nur an die zahlreichen mit Sträuchern und Gehölzen bepflanzten Betongefäße in den Fußgängerzonen. Für diese Pflanzen stellt die Kultur im Kübel eine Alternative zu der sonst üblichen Freilandkultur dar.

Keine Alternative haben dagegen die zahlreichen tropischen und subtropischen Pflanzen, die einen mitteleuropäischen Winter im Freien nicht unbeschadet überstehen würden. Für sie stellt die Kultur im Kübel eine Notwendigkeit dar, die es ihnen erlaubt, den Winter an geschützten Orten, wie Wohnzimmer, Wintergarten oder Keller, zu überdauern.

Ausschließlich von diesen nicht winterharten Pflanzen, die aus historischer Sicht die einzig »echten« Kübelpflanzen sind, soll in diesem Buch die Rede sein. Einige von ihnen werden dem Leser bereits als Zimmerpflanzen vertraut sein – insbesondere all jene, die für eine warme Überwinterung geeignet sind. Ein Aufenthalt im Freien während der Sommermonate verbessert bei diesen Pflanzen aber nicht nur die Wachstums- und Blüheigenschaften, er erhöht auch die Widerstandsfähigkeit gegenüber Krankheiten und Schädlingen. Es lohnt sich hier, die Mobilität einer Topf- bzw. Kübelpflanze zu nutzen.

Die nur in Gefäßkultur vorhandene Transportfähigkeit einer Pflanze eröffnet ihrem Besitzer zahlreiche neue Verwendungsmöglichkeiten. Durch das Mitführen der eigenen Erde unabhängig geworden, finden Kübelpflanzen auch dort noch Platz, wo durch Versiegelung des Erdreiches der natürliche Lebensraum unbrauchbar gemacht wurde. So findet man Kübelpflanzen bevorzugt auf Terrassen, Mauern und Wegen, wo sie zur Freude vieler ein kleines Stück Natur repräsentieren.

Viele haben zu dem Gelingen dieses Buches mit beigetragen. Danken möchten wir insbesondere Hans-Erhard Wichert, der seine langjährigen Erfahrungen als Gärtnermeister der Herrenhäuser Gärten miteinbrachte und dem Verlag Eugen Ulmer, der das Erscheinen dieses Buches erst ermöglichte.

Ulrike und Hans-Georg Preißel

Inhaltsverzeichnis

Linke Seite: *Tibouchina urvilleana,* davor *Solanum muricatum* *Beschreibungen Seite 46 und 85*

Euryops athanasiae, Strauchmargerite Beschreibung Seite 38

Fuchsia boliviana
Beschreibung
Seite 70

Geschichte und Geschichten um Kübelpflanzen

Schöne Pflanzen in Gefäßen zur Schau zu stellen, hat Tradition. Anfangs waren es einheimische Pflanzenarten, die in hölzernen oder steinernen Trögen vor Häusern und Gärten aufgestellt wurden. Ausgewählt wurden sie nach Schönheit – damals wie heute war es in erster Linie der Schmuckwert einer Pflanze, der sie zur Kübelpflanze aufwertete.

Entsprach die natürliche Wuchsform einer Pflanze nicht den Wünschen ihres Besitzers, wurde der Natur nachgeholfen. So leitete man das Wachstum der Zweige mit Hilfe von Reifen in die Form scheibenförmiger Etagen, die sich zur Pflanzenspitze hin pyramidenförmig verjüngten. Auf diese Weise entstanden die im Mittelalter so beliebten »Etagenbäumchen«.

Subtropische Pflanzen, die heute die große Vielfalt der Kübelpflanzen ausmachen, fanden ihren Weg erst Anfang des 16. Jahrhunderts nach Deutschland. Sie waren im Reisegepäck von Fürsten und Edelleuten, die aus dem warmen Mittelmeerraum kommend, auch zu Hause die exotische Blütenpracht genießen wollten. Nicht immer geschah das aus botanischem Interesse – war es doch eine gute Demonstration fürstlicher Macht, die selbst Klimagrenzen bezwang und

Myrte, als Etagenbäumchen gezogen

Orangenparterre in Hannover-Herrenhausen

südländische Pflanzen an nördlichen Standorten wachsen ließ. Ein Wetteifern der verschiedensten Fürstenhöfe um die eindrucksvollste Sammlung der größten und seltensten Pflanzen begann.

Die damaligen »Kunstgärtner«, die jeder Fürstenhof beschäftigte, hatten nun die schwierige Aufgabe, diese Pflanzen vor allzuviel Kälte zu schützen. Anfangs wurden auch alle subtropischen Pflanzen direkt ins Erdreich gepflanzt; demzufolge mußte das Winterquartier zu den Pflanzen gebracht werden. Mit Holzbrettern wurden provisorische Gebäude errichtet, um die kälteempfindlichen Exoten vor Eis und Schnee zu schützen. Die Wärmeisolierung solcher Überwinterungshäuser war naturgemäß gering. Es erforderte deshalb um so mehr Einfallsreichtum bei den verantwortlichen Gärtnern, um die kostbaren Pflanzen über die Wintermonate zu retten.

Als Frostwächter wurden kleine, mit Wasser gefüllte Schalen am Eingang jedes Hauses aufgestellt. Bildete sich auf der Oberfläche eine Eisschicht, mußte geheizt werden. Das geschah mit Hilfe einer offenen Feuerstelle; allerdings war hier Vorsicht geboten, denn bei starker Rauchentwicklung verloren die Pflanzen ihre Blätter. Mit dieser Problematik befaßte sich 1713 Dezallier D'Argenville:

Diese Pflanzen gehörten im 17. Jahrhundert zur Grundausstattung einer fürstlichen Orangerie

der Adams-Apfel
(Citrus aurantium)
die »Aloe«
(Agave americana)
der Citronen-Baum
(Citrus limon)
der Feigen-Baum
(Ficus carica)
der Granat-Baum
(Punica granatum)
der Limonen-Baum
(Citrus limon)
der Lorbeer-Alexandria
(Ruscus aculeatus)
der Lorbeer-Baum
(Laurus nobilis)
die Löwen-Staude
(Leonotis leonurus)
der Mastix-Baum
(Pistacia lentiscus)
der Myrthen-Baum
(Myrtus communis)
der Orangen-Baum
(Citrus sinensis)
der Pomeranzen-Baum
(Citrus aurantium ssp. *aurantium)*
der Rosen-Lorbeer
(Nerium oleander)
der Rosmarin
(Rosmarinus officinalis)

»In Frankreich . . . bedienet man sich gemeiniglich . . . einiger Becken, oder eisernen Kesseln, welche . . . mit recht glühenden Kohlen angefüllt werden . . . Einige verwerffen die Ungleichheit des Kohlen-Feuers, welches im Anfang heiß, hernach schwach, und . . . die Feuchtigkeit des Saffts austrocknen kann, welcher doch zur Erhaltung der Blätter so nöthig ist.«

Viele der wertvollen und seltenen Pflanzen werden diese Art der Überwinterung nicht überlebt haben. Sicher war das – außer der beträchtlichen Arbeit, die das Auf- und Abbauen der Brettergebäude verursachte – ein wichtiger Grund, nach neuen Überwinterungsformen zu suchen.

Verbesserte Winterquartiere mit mehr Licht und einer pflanzenverträglichen Heizung waren jedoch nur möglich durch eine massive und damit feststehende Bauweise. Nun war der Überwinterungsraum unbeweglich geworden – und die Pflanzen mußten transportabel gemacht werden. Sie wurden es, indem man sie in Kübel pflanzte.

Kaum hatte diese Neuerung Verbreitung gefunden, erlebten sowohl die Kübelpflanzen wie auch ihr Überwinterungsraum eine bemerkenswerte Aufwertung. Aus den anfänglich reinen Nutzbauten entwickelten sich Ende des 17. Jahrhunderts prunkvolle Orangeriegebäude, die den eigentlichen Gartenschlössern an Pracht und Schönheit kaum nachstanden. An ihrer Südseite erstreckte sich das Orangenparterre, auf dem im Sommer zahlreiche Kübelpflanzen zur Schau gestellt wurden. Auch zur Dekoration der übrigen Gartenbereiche wurden nun Kübelpflanzen verwendet – ihre Funktion entsprach jener von Skulpturen. Sie schmückten bauliche Elemente wie Treppenaufgänge, Wasserspiele und Gebäude oder wurden entlang der geometrisch angelegten Wege aufgestellt.

Die Kübelpflanzen rückten ins Blickfeld und mit ihnen der Kübel. Wie auch die Pflanze, diente er als Schmuck des Gartens; auf sein dekoratives Aussehen wurde großen Wert gelegt. Während der Barockzeit dominierten die viereckigen, würfelförmigen Stollenkübel aus Eichenholz mit Eisenbeschlägen, wie sie heute noch in historischen Gartenanlagen zu sehen sind. Daneben fanden sich aber auch runde Pflanzgefäße aus Holz, Metall oder Terrakotta, die teilweise mit geometrischen Mustern oder plastischen Motiven aus der antiken Mythologie gearbeitet waren. Vergoldete Ornamente sorgten für zusätzliche Blickpunkte.

Im Barock erhielten auch ausgepflanzte Gehölze durch Formschnitt das Aussehen von Kübelpflanzen

So kann ein Kübelpflanzengarten heute aussehen

Im Barock erlebten die Kübelpflanzen ihre höchste Zeit. Ihre Beliebtheit war so groß, daß man selbst winterharten, ausgepflanzten Gehölzen durch Formschnitt das Aussehen einer Kübelpflanze gab. Erst gegen Ende des 18. Jahrhunderts änderte der Zeitgeschmack dieses Schönheitsideal. Nun gewann der Landschaftsgarten immer mehr Freunde und damit traten Natur und Pflanze in den Vordergrund – der Kübel degradierte zum notwendigen Übel. Er wurde im Boden versenkt oder hinter anderen Pflanzen versteckt. Einzige Ausnahme bildeten naturentnommene Pflanzgefäße, wie ausgehöhlte Baumstämme; sie wurden als zur Natur zugehörig, sichtbar im Garten aufgestellt.

Auch bei der Bepflanzung des Kübels deutete sich ein Wechsel an. Die Beliebtheit der für den Formschnitt geeigneten Blattpflanzen nahm ab, schönblühenden Pflanzenarten, den »Florblumen«, wurde jetzt der Vorzug gegeben. Nicht mehr das von Menschenhand gestaltete »Kunstwerk Pflanze« war gefragt; alle Aufmerksamkeit wendete sich nun der Pflanze als wissenschaftlichem Objekt zu. Man bewunderte und bestaunte die neu entdeckte Vielfalt des Pflanzenreichs, die genialen Konstruktionen jeder einzelnen Pflanze und insbesondere die ihrer Blüten.

Die Entdeckung zahlreicher neuer Pflanzen in fremden Ländern weckte die Sammelleidenschaft vieler Pflanzenfreunde und förderte den Aufbau botanischer Sammlungen. Sie bildeten den Grundstock der traditionellen Kübelpflanzen.

Ein steigendes Interesse an Pflanzen und die Lust am Experimentieren ließen bis heute zahlreiche neue Kübelpflanzen den Weg in unsere Gärten finden. Man denke nur an die mittlerweile so beliebten Engelstrompeten und die nicht minder eindrucksvolle Tibouchina. Sicher darf man gespannt sein, welche neuen Überraschungen auch die Zukunft den Freunden von Kübelpflanzen bringen wird.

Die Auswahl aus der Fülle

Wie findet man die richtige Kübelpflanze?

Wer eine Kübelpflanze erwerben möchte, tut gut daran, sich bereits vor dem Kauf über die Eigenschaften und Bedürfnisse der verschiedenen Arten zu informieren. Von Spontankäufen, die sich allein an der Schönheit einer Pflanze orientieren, kann nur abgeraten werden. Entspricht der zukünftige Standort nicht den Bedürfnissen der Pflanze oder wird ihr die falsche Pflege zuteil, ist auch ihre Schönheit nicht von Dauer.

Es ist daher hilfreich, sich vor dem Pflanzenerwerb folgende Fragen zu stellen:

- Wo soll die Kübelpflanze im Sommer stehen?
  Von Bedeutung sind die klimatischen Bedingungen des Stellplatzes (sonnig, schattig, windgeschützt usw.) und die Größe der vorhandenen Stellfläche.
- Wo kann die Kübelpflanze im Winter stehen?
  Von Bedeutung sind die Lichtbedingungen, die Temperatur und die Stellfläche in einem vor Kälte schützenden Raum. Je nach Schnittverträglichkeit kann die Stellfläche im Winter durchaus geringer als im Sommer sein.

Ist das Problem des Standortes für Sommer und Winter geklärt und hat man sich damit abgefunden, daß es aus Mangel an geeigneten Winterquartieren eine ganze Reihe unerfüllbarer Wünsche gibt, dann fällt die Auswahl der in Frage kommenden Pflanzen leichter. Jetzt dürfen persönliche Vorlieben entscheiden.

Nach diesen Kriterien kann man eine Kübelpflanze auswählen:

Wuchsform:	breitbuschig, schlank aufrecht, palmenartig, bambus- oder grasartig, baumartig, kletternd
Laub:	immergrün, laubabwerfend, Blattgröße, Blattfarbe, Blattform, aromatisch duftend
Blüten:	Anzahl, Größe, Farbe, Form, Duft, Blütezeit, Blühdauer
Früchte:	Ansatz, Größe, Farbe, Form, Genießbarkeit

Es sollte auch überdacht werden, ob ein Zierwert während der Wintermonate erwünscht ist. Das trifft in der Regel auf alle im Wohnzimmer oder Wintergarten zu überwinternden Pflanzen zu.

Nicht immer werden sich alle Idealvorstellungen über eine Kübelpflanze auch verwirklichen lassen. Kompromisse sind notwendig, da vor den eigenen Wünschen die speziellen Ansprüche der betreffenden Pflanzenart berücksichtigt werden müssen. Wichtig ist deshalb auch die Frage, wie groß der Pflegeaufwand für die Kübelpflanze sein darf.

Viele unserer schönsten Kübelpflanzen erreichen ihre volle Pracht nur bei intensiver Betreuung. So fallen bei einigen Arten neben regelmäßiger Düngung und gelegentlichen Schnitt- und Pflanzenschutzmaßnahmen auch ständige Pflegearbeiten, wie das Entfernen verwelkter Blätter, Blüten- oder Fruchtstände an. Demgegenüber gibt es aber auch genügend Arten, wie viele immergrüne

Blattschmuckpflanzen, bei denen sich der Pflegeaufwand auf ein Minimum beschränkt.

Wer all die anstehenden Fragen und Probleme bereits vor dem Pflanzenkauf bedenkt, erlebt im nachhinein keine bösen Überraschungen. Pflanzenbesitzer und Pflanze werden dann – welch wünschenswertes Ziel – gleichermaßen zufrieden sein.

Wie überwintert man Kübelpflanzen?

Im Sommer bereiten Kübelpflanzen im allgemeinen nur wenig Probleme; ganz anders dagegen in der kalten Jahreszeit, wenn sich die Temperaturen erstmalig der 0 °C-Grenze nähern. Wer jetzt nicht – wie im 17. Jahrhundert üblich – seine Pflanzen mit Brettern umbauen möchte, muß einen geeigneten Überwinterungsraum haben.

Winterquartiere können sein:
hell und kühl (5–10 °C)
- frostfrei gehaltene Gewächshäuser,
- durch Folie oder Glas abgedeckte Außentreppen zu Kellern
- verglaste, ungeheizte Eingangsbereiche

dunkel und kühl (unter 10 °C)
- Kellerräume
- Garagen

hell und temperiert (10–15 °C)
- ungenutzte Zimmer,
- isolierte Dachböden (mit Fenster)
- Wintergärten
- Treppenhäuser
- helle Kellerräume

hell und warm (15–20 °C)
- Wohnzimmer
- verglaste Erker im Wohnbereich.

Die Liste dieser Beispiele ließe sich noch beliebig erweitern; mit etwas Phantasie und dem richtigen Blick für die vier möglichen Überwinterungskombinationen (hell-kalt, dunkel-kalt, hell-temperiert, hell-warm) läßt sich so mancher Raum als Pflanzengästezimmer für die Wintermonate entdecken. Völlig ungeeignet sind nur Standorte, die dunkel und wärmer als 10 °C sind – hier überlebt kaum eine Kübelpflanze.

Natürlich eignet sich nicht jeder Standort für jede Pflanzenart. Trotzdem zeigen sich viele Kübelpflanzen erstaunlich tolerant gegenüber den verschiedenen Überwinterungsmethoden, in vielen Fällen werden wenigstens zwei der vier empfohlenen Kombinationsmöglichkeiten akzeptiert. So lassen sich zum Beispiel alle in diesem Buch für die hell-warme Überwinterung vorgeschlagenen Pflanzen auch hell und temperiert überwintern.

Die in diesem Buch vorgenommene Einteilung der Kübelpflanzen in vier verschiedene Überwinterungsgruppen darf deshalb nicht als allein gültig angesehen werden – viele Überschneidungen innerhalb dieser Gruppen treten auf. Wenn möglich wird bei der Pflanzenbeschreibung auf alternative Überwinterungsformen hingewiesen.

Sinn dieser Einteilung ist es, dem Neuling unter den Kübelpflanzenbesitzern zumindest eine Möglichkeit der Überwinterung aufzuzeigen. Ferner erleichtert die Zusammenfassung von gleich zu überwinternden Pflanzen den Aufbau einer Sammlung von Kübelpflanzen mit ähnlichen Ansprüchen. Der Platzbedarf in der kalten Jahreszeit reduziert sich so auf einen Raum, in dem alle Pflanzen gleichermaßen versorgt werden können. Dadurch verringert sich wiederum der Pflegeaufwand während der Wintermonate. Kübelpflanzen müssen auch in dieser Zeit alle 14 Tage – besser noch wöchentlich – überwacht werden. Eingeschleppte Schädlinge, beginnende Krankheiten, Ballentrokkenheit – werden diese Gefahren frühzeitig erkannt und beseitigt, ist der Schaden nur gering. Wer dagegen seine im Herbst eingeräumten Pflanzen erstmals im folgenden Frühjahr besichtigt, erlebt so manch traurige Überraschung.

Besonderheiten der Kübelpflanzenkultur

Bei der Gefäßkultur steht den Pflanzen nur ein begrenzter Raum und damit nur eine begrenzte Menge Substrat zur Verfügung. Diese Einschränkungen behindern auf eine nicht unerhebliche Weise zwei wichtige Funktionen der Wurzeln: die Wasser- und Nährstoffversorgung und die Standfestigkeit.

Für eine ausreichende Wasser- und Nährstoffversorgung der Pflanze reicht das vorhandene Substrat auf die Dauer nicht aus. Kübelpflanzen sind somit auf eine regelmäßige Wasser- und Düngerzufuhr durch den Menschen angewiesen.

Durch das begrenzte Platzangebot im Kübel können die Wurzeln allein den sicheren Halt einer Pflanze nicht gewährleisten. Hier muß der Kübel die Standfestigkeit der Pflanze unterstützen.

Kübel

Das Gefäß einer Kübelpflanze sollte die wichtigen Aufgaben der Wurzeln nicht zusätzlich erschweren. So ist eine befriedigende Wasser- und Nährstoffversorgung nur in gut durchlüftetem, aber feuchtem Substrat zu erwarten. Daß diese beiden Eigenschaften keinen Gegensatz darstellen, sondern sich ergänzen, bleibt der Kunst des Kultivateurs und seiner Wahl des richtigen Kübels überlassen.

Voraussetzung für eine gut durchlüftete Erde ist ein ausreichender Wasserabzug. Deshalb sollten immer mehrere Löcher am Boden eines Gefäßes zu finden sein. Sie dürfen keinesfalls durch zusätzliche Übertöpfe zugestellt oder durch verklumpte Substratreste verstopft werden. Zu leicht kommt es sonst innerhalb des Pflanzengefäßes zu einem gefährlichen Rückstau des Wassers – die Erde versottet, die Wurzeln sterben ab. Wie wichtig ein guter Wasserabzug ist, zeigt sich besonders im Sommer, wenn ein starker Gewitterregen das Gefäß innerhalb weniger Minuten bis zum Rand füllen kann.

Der richtige Kübel schafft aber nicht nur Bedingungen, die ein optimales Wurzelwachstum ermöglichen – er kann auch die Standfestigkeit der gesamten Pflanze verbessern. Verantwortlich dafür ist einerseits das Material des

Ein Terrakottakübel mit historischen Motiven im Garten von Het Loo, Niederlande

Fuchsien-Hochstämme in Eichenholzkübeln

Pflanzengefäßes, andererseits aber auch die gewählte Form. Breite und flache Kübel erweisen sich als deutlich standfester als alle schlanken und hohen Gefäße. Ersteren sollte deshalb an besonders windgefährdeten Standorten der Vorzug gegeben werden. Wer trotzdem andere Formen bevorzugt, kann mit Hilfe einer zusätzlich angebrachten, mechanischen Verankerung mit dem Erdreich die Standfestigkeit einer Kübelpflanze erhöhen. Dringend abzuraten ist von der Bepflanzung aller bauchigen und faßartigen Gefäße. Ist die Öffnung eines Kübels geringer als der Durchmesser seiner breitesten Stelle, muß beim Umtopfen unweigerlich der Wurzelballen oder das Pflanzengefäß zerstört werden.

Pflanzenkübel können aus den verschiedensten Materialien hergestellt werden. Am bekanntesten und häufigsten anzutreffen sind Gefäße aus Kunststoff, Eternit, Holz oder Ton. Ihre Eignung für Kübelpflanzen soll im folgenden kurz beschrieben werden:

Kunststoff

Außer den altbekannten schwarzen Pflanzencontainern findet man heute auch weiße und braune Kunststoffkübel in den verschiedensten Formen und Größen. Ihnen allen gemeinsam ist ihr geringes Gewicht. Diese Eigenschaft, die beim Ein- und Ausräumen der Kübelpflanzen hoch geschätzt wird, vermindert leider die Standfestigkeit eines bepflanzten Topfes. Kunststoffgefäße benötigen aus diesem Grund eine gute mechanische Bodenverankerung. Zusätzlich sollte unter das eigentliche Substrat eine nicht zu flache Kiesschicht eingefüllt werden, so daß auf diese Weise der bodennahe Teil des Kübels weiter an Gewicht gewinnt.

Eternit

Besonders lange Haltbarkeit garantieren die verschiedenfarbigen Eternitgefäße, die es ebenfalls in verschiedenen Formen und Größen im Handel gibt. Aufgrund ihres höheren Eigengewichtes sind sie standfester als Kunststoffgefäße – auf eine flache Kiesschicht am Boden sollte trotzdem nicht verzichtet werden. Sie verbessert den Wasserablauf erheblich. Eternitgefäße sind stoßunempfindlich und nahezu unzerbrechlich – zwei Eigenschaften, die sich besonders beim häufigen Umstellen von Kübelpflanzen bewähren. Wem die im Handel angebotenen Farben nicht zusagen, kann Eternittöpfe in jeder beliebigen Farbe anstreichen.

Holz

Von allen heimischen Hölzern eignet sich nur Eichenholz zum Bau von Pflanzenkübeln. Doch selbst bei diesem äußerst harten Holz beschränkt sich die Haltbarkeit der Gefäße auf sechs bis neun Jahre. Pflanzen mit sehr starkem Wurzelwerk (Palmen) zerstören die Kübelwände noch schneller; Pflanzen mit schwacher Wurzelentwicklung *(Citrus, Camellia)* können länger in Eichenkübeln kultiviert werden. Um die Haltbarkeit der Holzgefäße zu verbessern, wurden sie früher schon mit Leinölfirnis gestrichen oder aber an ihren Innenseiten mit Feuer angekohlt. Heute können zu diesem Zweck auch pflanzenverträgliche Holzschutzmittel eingesetzt werden.

Holzkübel findet man in vielen Formen und Größen im Fachhandel. Es ist jedoch darauf zu achten, daß die Bodenplatte der Gefäße einen ausreichenden Abstand zum Erdboden aufweist; gegebenenfalls müssen sonst zusätzliche, untergeschobene Hölzer den Wasserabzug sichern.

Ton, Terrakotta

Tongefäße der unterschiedlichsten Qualitäten finden sich in verschiedenen Formen und Größen im Handel. Aufgrund ihres hohen Eigengewichtes sind alle diese Töpfe äußerst standfest, aber schwer zu transportieren. So wiegt ein bepflanzter, 40 cm hoher Tontopf von 40 cm Durchmesser um 50 kg. Solche Gewichtsprobleme verbunden mit der hohen Bruchgefahr, die leider alle Tongefäße aufweisen, gestalten das Ein- und Ausräumen der Pflanzen nicht gerade einfach.

Im Gegensatz zu Kunststofftöpfen sind die Wandungen unbehandelter Tongefäße porös. Das bedeutet, daß eine Verdunstung des Gießwassers auch durch die Topfwände stattfindet. Mit dem Wasser wandern viele der gelösten Nährsalze sowie eingelagerte Gipsausscheidungen des Tonmaterials an die Topfaußenwand, wo sie sich als grauweißlicher, harter Belag absetzen. Innerhalb des Kübels folgen die Wurzeln der Wanderung von Wasser und Nährstoffen – nach einigen Jahren wachsen die feinen Faserwurzeln schließlich nur noch entlang der inneren Gefäßwand. Solche Pflanzen bilden keinen stabilen Wurzelballen aus und beim nächsten Umtopfen werden viele der empfindlichen Faserwurzeln abgerissen. Günstiger sind die Wachstumsverhältnisse in einem wasserundurchlässigen Gefäß.

Wurzelwachstum und Nährstoffverteilung in porösen und nicht porösen Gefäßen. Die Pfeile zeigen den Verdunstungsweg des Wassers an.
1 Neu bepflanzter Topf: Düngersalze sind gleichmäßig im Substrat verteilt
2 Poröser Topf nach einigen Jahren: Düngersalze wandern zur Topfwand, Wurzeln wachsen entlang der Topfwand
3 Topf mit wasserundurchlässigen Wänden nach einigen Jahren: infolge der gleichmäßigen Durchwurzelung bildet sich ein stabiler Wurzelballen

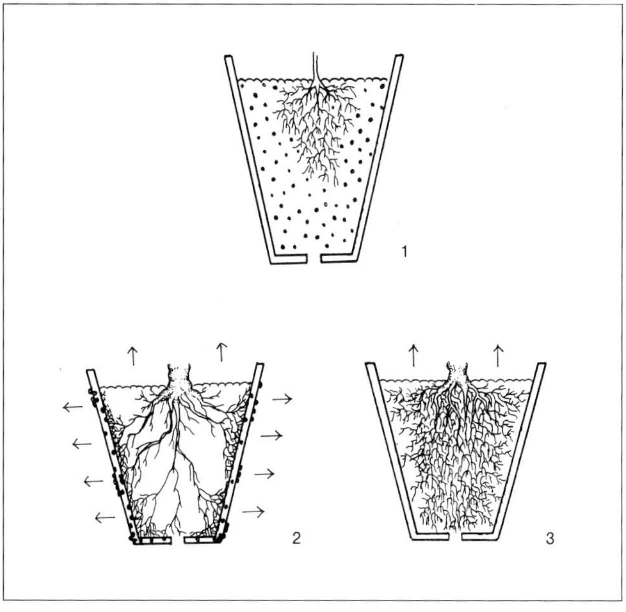

Wo eine Verdunstung nur über die Substratoberfläche erfolgen kann, ist auch geringeres Gießen notwendig. Die Nährstoffe werden nicht mehr seitlich ausgelaugt, das Gefäß aus diesem Grund gleichmäßiger durchwurzelt.

Wer einen guten Wurzelballen auch in Terrakotta erzielen will und zudem unschöne Ausblühungen an der Kübelwand vermeiden möchte, kann sein Tongefäß gegen Wasser imprägnieren. Zwei- bis dreimaliges Streichen des Tontopfes innen und außen mit farblosem Mattlack garantiert über mehrere Jahre hinweg eine problemlosere Kultur. Wichtig ist dabei, daß wirklich alle Teile des Gefäßes mit dem Lack konserviert werden. An unbehandelten, offenporigen Stellen dringt sonst leicht Feuchtigkeit in das Tonmaterial ein – der Lack beginnt dann, an allen Wänden abzublättern.

Trotz dieser zahlreichen Auswahlmöglichkeiten wird das Pflanzgefäß von so manchem als notwendiges Übel empfunden, das man am liebsten verstecken möchte. Auch dieser Wunsch läßt sich erfüllen. Pflanzt man zu einer Kübelpflanze jeweils einige Hängepflanzen, verstecken sie innerhalb weniger Wochen auch den häßlichsten Topf. Geeignet sind Efeu *(Hedera helix)*, Efeupelargonie *(Pelargonium*-Peltatum-Sorten), Lobelie (*Lobelia erinus* 'Ricardii'), *Helichrysum*-Petiolare-Sorten, *Convolvulus sabatius, Plectranthus hederaceus* und *Polygonum capitatum*.

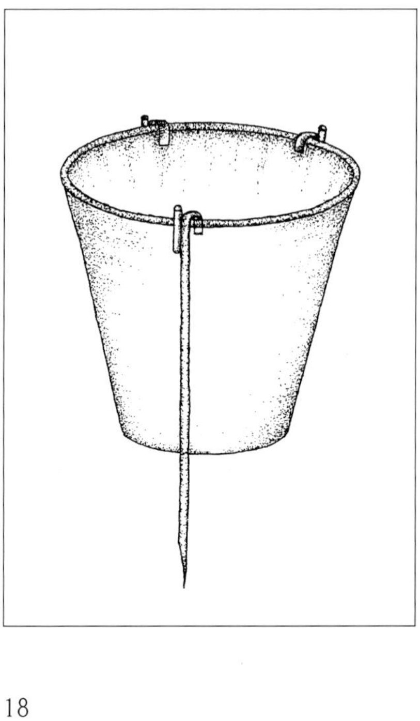

So fällt der Topf nicht um: Spazierstockförmige Metallstäbe werden in die Erde geschlagen

Besonders schön wirkt diese Art der Unterpflanzung bei Hochstämmen oder Kübelpflanzen, die von unten her aufkahlen; sie gewinnen sehr durch dieses zusätzliche Grün.

Eine ganz andere Möglichkeit der Kübeltarnung bietet sich den Gartenbesitzern. Sie können das Gefäß auch vollständig in der Erde versenken und auf diese Weise innerhalb eines Beetes effektvolle Blickpunkte schaffen. Besonders schön wirken dort Fuchsien und Lantanen.

Substrat

Um eine befriedigende Wasser- und Nährstoffaufnahme durch die Pflanzenwurzeln sicherzustellen, werden im wesentlichen folgende Anforderungen an das Substrat gestellt:

Das Substrat sollte einen hohen Anteil strukturstabiler Poren verschiedener Größe aufweisen. Viele der größeren Poren sind mit Luft gefüllt und stellen auf diese Weise den Pflanzenwurzeln ausreichend Sauerstoff zur Verfügung. Ein Großteil der kleineren Poren speichert Wasser und gibt es nach Bedarf an die Pflanzenwurzeln weiter. Stukturstabilität wird gefordert, damit dieses vorgegebene Porengefüge über eine möglichst lange Zeit unverändert erhalten bleibt.

Das Substrat sollte die durch Düngung zugeführten und nicht sofort benötigten Nährstoffe speichern können, um sie auf diese Weise vor Auswaschung zu schützen und bei Bedarf den Pflanzenwurzeln wieder zur Verfügung zu stellen.

Der Säuregehalt eines Substrats (pH-Wert) sollte während der Kulturzeit keine größeren Schwankungen aufweisen.

Änderungen im Säuregehalt verändern auch die Löslichkeit von Nährstoffen. Einige werden im Substrat festgelegt und stehen den Pflanzen damit nicht mehr zur Verfügung – andere wandern vermehrt in die Bodenlösung und können im ungünstigsten Fall, in einer für die Pflanze giftigen Konzentration auftreten.

Um die Standfestigkeit der Pflanzen im Gefäß zu verbessern, sollte ein eher bindiges Substrat verwendet werden. In zu leichtem Substrat finden die Wurzeln nur schwachen Halt. Ein starker Windstoß kann dann die Pflanze aus dem Gefäß herauskippen.

Es wäre schön, gäbe es tatsächlich einen einzigen Grundstoff, der all diesen gewünschten Anforderungen gerecht würde. Die zahlreichen und teilweise recht unterschiedlichen Mischungsempfehlungen wären damit überflüssig. Sie alle sind der Versuch, die erwünschten Eigenschaften durch die gleichzeitige Verwendung mehrerer Grundstoffe zu erreichen. Zu diesem Zweck werden verschiedene Materialien unterschiedlichster Eigenschaften (Torf, Lehm, Kompost u. a.) vermischt, in der Hoffnung auf diese Weise die Vorzüge der einzelnen Grundstoffe miteinander zu kombinieren.

Auch die Industrie hat sich bei der Suche nach dem »Idealsubstrat« beteiligt und liefert Einheitserden aus etwa 20% Tonmaterial und 80% Torf. Diese Erden wurden in erster Linie für Topfpflanzen entwickelt, die häufig umgetopft werden müssen. Für die seltener umzutopfenden Kübelpflanzen ist der hohe Anteil an feinem Torf dagegen weniger gut geeignet. Torf und feingemahlener Ton verdichten sich im Laufe der Zeit – die Durchlüftung des Substrates wird stark behindert. Auch im Hinblick auf die Standfestigkeit der Kübelpflanze sind hohe Torfanteile ungeeignet.

Besser als normale Einheitserden bewähren sich Erden mit Rindenanteilen, die ebenfalls im Handel erhältlich sind. Aber auch ihnen sollte immer ein Drittel lehmhaltige Land- oder Gartenerde beigemischt werden.

Umtopfen

Durch ihr Wachstum nimmt eine Kübelpflanze ständig an Größe und Umfang zu. Die oberirdischen Pflanzenteile können sich ungehindert ausbreiten, den Wurzeln aber wird es mit der Zeit im Kübel zu eng. Doch gerade größere Pflanzen benötigen für ihre Wasser- und Nährstoffversorgung ein ausgedehnteres und damit leistungsstärkeres Wurzelsystem. Somit ergibt sich die dringende Notwendigkeit, in ein größeres Gefäß umzutopfen.

Bevorzugter Termin für diesen Vorgang ist die Zeit nach dem Ausräumen aus dem Winterquartier. Dabei bietet sich auch eine Gelegenheit, alle Pflanzen auf den Gesundheitszustand ihrer Wurzeln zu überprüfen und, falls erforderlich, die im Winter abgestorbenen und eingetrockneten Wurzelteile zu entfernen. Bei dieser Arbeit sollte man aber keine gesunden Wurzeln verletzen. Kein intakter Wurzelballen muß beim Umtopfen in ein größeres Gefäß beschädigt werden. Dagegen muß man eine eventuell vorhandene Algen- oder Moosschicht auf dem Pflanzensubstrat unbedingt entfernen, denn sie verdichtet die Erdoberfläche und behindert eine gleichmäßige Wasseraufnahme.

In den neuen Topf füllt man zuerst eine 5–10 cm hohe Schicht von Dränagematerial. Soll der Kübel an Standfestigkeit und damit an weiterem Gewicht gewinnen, wählt man hierfür am besten gröberen Kies. Große und schwere Gefäße, die keinen zusätzlichen Halt benötigen, füllt man mit leichterem Blähton, Lavalit oder Bimskies. Auch die im Baumarkt erhältlichen Dränplatten eignen sich gut zu diesem Zweck.

Auf der Dränageschicht wird frisches Substrat verteilt und die Pflanze mit Ballen vorsichtig eingehoben. Hierbei ist darauf zu achten, daß sie keinesfalls tie-

Wichtig beim Umtopfen: die Pflanze darf nicht tiefer in der Erde stehen als im alten Topf. Über einer Dränageschicht wird der unverletzte Ballen in frisches Substrat gesetzt

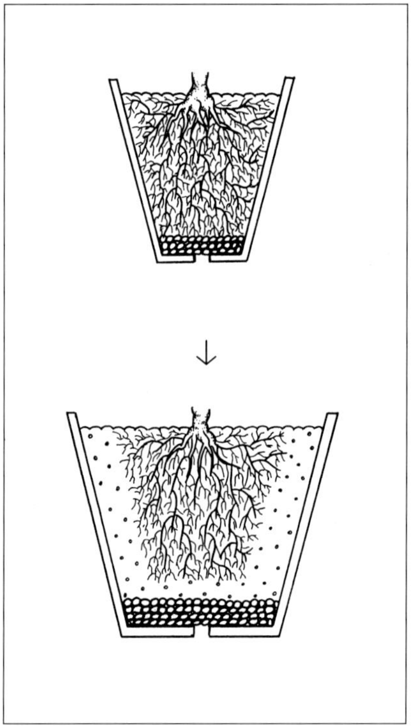

fer getopft wird, als ursprünglich in ihrem alten Gefäß. Alle dann noch vorhandenen Hohlräume werden mit frischem Substrat aufgefüllt. Abschließend sollte jede umgetopfte Kübelpflanze angegossen, d.h. ausreichend gewässert werden.

Der Vergrößerung der Gefäße sind natürlich Grenzen gesetzt. Bei alten und schweren Kübelpflanzen, die ihre gewünschte Größe erreicht haben, wird keine weitere Zunahme an Gewicht und Masse mehr angestrebt. Doch auch sie müssen ab und zu umgepflanzt werden, da sich im Laufe der Zeit das organische Material jedes Substrates zersetzt und seine mineralischen Bestandteile verschlämmen. Dadurch verschwinden viele der Poren, die zur Wasser- und Sauerstoffversorgung der Wurzeln dringend erforderlich sind.

Um die bereits vorhandene Kübelgröße beizubehalten, muß beim Umtopfen solcher Pflanzen der Wurzelballen verkleinert werden. Zu diesem Zweck entfernt man mit einem scharfen Messer die äußeren 2–5 cm des Wurzelballens und ersetzt sie durch frisches Substrat. Leider ist es bei diesem Vorgang unvermeidbar, einen Großteil gesunder Wurzeln zu verletzen. Alle Schnittstellen sollten vorbeugend mit Holzkohlepulver eingepudert werden. Wegen der trotzdem vorhandenen Fäulnisgefahr darf in den ersten Wochen nach dem Umtopfen nur vorsichtig gegossen werden.

Bewässerung

Die begrenzte Substratmenge, die einer Kübelpflanze zur Verfügung steht, begrenzt auch ihren Wasservorrat. Hier wird der Pflanzenhalter gefordert – seine Aufgabe ist es, die kontinuierliche Versorgung mit genügend Wasser sicherzustellen. Dazu ist es notwendig, den Wasserbedarf der Kübelpflanze zu kennen; er orientiert sich an folgenden Faktoren:

Beschaffenheit der Blätter

Ein Großteil ihres durch die Wurzeln aufgenommenen Wassers geht einer Kübelpflanze durch Verdunstung verloren. Einige Pflanzenarten haben nun – durch Verkleinerung oder besonderen Schutz ihrer wasserdurchlässigen Blattfläche – die Verdunstung auf ein Minimum beschränkt. Man erkennt diese Pflanzen leicht an ihren eher schmalen und lederartig zähen Blättern, die oft noch mit einer dünnen Wachsschicht bedeckt sind. Solche gut geschützten Pflanzen benötigen naturgemäß weniger Wasser als gleichgroße Pflanzen mit großen und weichen Blättern.

Standort und Klimafaktoren

Die Verdunstung einer Kübelpflanze steigt durch starke Sonneneinstrahlung und durch Wind und erhöht auf diese Weise den Wasserbedarf der Pflanze. Besonders deutlich wird dieses Phänomen an heißen, aber windigen Sommertagen, wo sonnig stehende Kübelpflanzen trotz ausreichender Bewässerung »schlappen«. Pflanzen mit großer Blattfläche, wie Engelstrompeten und Zistrosen sind häufig nicht mehr in der Lage, den starken Wasserverlust, der durch die vermehrte Verdunstung verursacht wird, durch eine Wasseraufnahme ihrer Wurzeln auszugleichen. Schnelle Abhilfe bringt an solchen Tagen ein mehrmaliges Überbrausen der Pflanze. Auf diese Weise erhöht sich – wenn auch nur kurzfristig – die Luftfeuchtigkeit. Dadurch wird wiederum die Wasserverdunstung vermindert, die Wassernachlieferung über ihre Wurzeln aber bleibt bestehen – die Pflanze erholt sich wieder.

An Sonnentagen ist der Wasserbedarf einer Pflanze naturgemäß größer als während einer Regenperiode. Manchmal muß aber selbst bei Regen gegossen werden. Einige Kübelpflanzen schirmen nämlich mit ihrer Blattmasse die Wurzelscheibe so gut ab, daß kaum ein Tropfen Regenwasser das Substrat erreicht.

Wachstumsstadium der Pflanze

Mit beginnendem Wachstum im Frühjahr nimmt auch der Wasserbedarf der Kübelpflanze zu. Er erreicht während der Hauptwachstumszeit im Sommer seinen Höhepunkt; die Pflanze weist zu diesem Termin ihren größten Zuwachs auf. Mit abnehmenden Temperaturen im Herbst verringert sich das Wachstum und damit auch der Wasserbedarf. Er erreicht bei allen kalt zu überwinternden Kübelpflanzen sein Minimum im Winter. Während dieser Zeit ist nur darauf zu achten, daß der Wurzelballen nicht vollständig austrocknet. Warm zu überwinternde Pflanzen, die auch während der Wintermonate eingeschränkt weiterwachsen, benötigten dagegen eine, ihrem Wachstum entsprechende Wassergabe.

Topfgröße und Substratmenge

Eine geringe Menge an Substrat kann nur eine geringe Menge an Wasser speichern. Das bedeutet, alle Pflanzen in stark durchwurzelten Gefäßen, wo Wurzeln das ursprüngliche Substrat größtenteils verdrängt haben, benötigen häufiges und starkes Gießen. Spätestens diese Arbeit erinnert viele Pflanzenbesitzer an ein Umtopfen. In einem größeren Topf wird der Pflanze nun zusätzlich frisches Substrat zur Verfügung gestellt; dieses ist in der Lage, größere Mengen an Wasser zu speichern. Vorsicht, wer jetzt seine Gießgewohnheiten beibehält, vergießt nicht selten die Pflanze. Sinnvoll ist es, nach dem Umtopfen sparsam zu wässern, bis ein oberirdischer Neuzuwachs anzeigt, daß auch die Wurzeln ihr Wachstum fortgesetzt haben.

Düngung

Die begrenzte Substratmenge eines Kübels schränkt auch die Speicherkapazität für Nährstoffe ein. Wiederum muß der Pflanzenbesitzer eingreifen und die kontinuierliche Ernährung seiner Pflanze durch Düngung sicherstellen. Kübelpflanzen sind im Gegensatz zu frei ausgepflanzten Gewächsen immer auf die Versorgung durch den Menschen angewiesen.

Die erforderliche Düngermenge richtet sich nach der Pflanzenart, ihrer Größe und ihrem Entwicklungsstadium. Jeder Zuwachs an Blättern und Blüten erfordert eine bestimmte Menge an Nährstoffen. Dementsprechend verbrauchen alle starkwachsenden Kübelpflanzen mehr Dünger als schwachwachsende. Aus dem gleichen Grund steigt auch der Nährstoffbedarf zur Hauptwachstumszeit – dem Sommer – hin an und nimmt mit Rückgang des Wachstums gegen Herbst hin wieder ab.

Glücklicherweise liegt zwischen Nährstoffmangel und Überdüngung ein breiter Bereich, in dem sich die Pflanzen gut entwickeln. Aus diesem Grund kommt man in der Praxis mit relativ einfachen und – für die verschiedenen Pflanzen – sehr ähnlichen Düngungsempfehlungen aus, die sich im wesentlichen nach der Häufigkeit (ein- oder zweimal wöchentlich) unterscheiden. Nur in ganz wenigen Fällen empfiehlt sich eine stärkere Nährstoffkonzentration als 2 ml bzw. g pro Liter Gießwasser.

Es wird grundsätzlich empfohlen, Düngung und Bewässerung in einem Arbeitsgang zu erledigen. Zum Düngungstermin wird anstelle von reinem Wasser die gleiche Menge an Düngerlösung verabreicht. Die für fast alle Pflanzen empfehlenswerte Konzentration liegt für wasserlösliche Nährsalze bei 2 Gramm pro Liter Gießwasser mit Gehalten um 15% Stickstoff (N), 5–10% Phosphat (P_2O_5), 10–15% Kaliumoxid (K_2O), etwa 2% Magnesiumoxid (MgO) sowie Spurenelementen oder für mineralische Flüssigdünger bei 2 ml pro Liter Gießwasser mit Gehalten um 12% Stickstoff, etwa 4% Phosphat, 7–10% Kaliumoxid und Spurenelementen. Um sich vor unliebsamen Überraschungen zu schützen, sollte man nur Dünger erwerben, deren Nährstoffmengen auf der Pakkung angegeben werden. Ein Vorteil vieler Nährsalze gegenüber Flüssigdüngern ist das darin enthaltene Magnesium.

Wem die empfohlenen Düngerwerte hoch erscheinen, mag bedenken, daß Kübelpflanzen während ihrer Freilandsaison zügig wachsen müssen, damit sie einen starken Blütenflor hervorbringen. Nicht unerhebliche Nährstoffmengen gehen aber durch Auswaschung verloren. Jeder Gewitterregen durchfließt den Kübel und nimmt dabei Nährstoffe – insbesondere Stickstoff – mit sich.

In der Regel werden Kübelpflanzen nur bis in den Spätsommer gedüngt. Kalt überwinternde Pflanzen benötigen ab diesem Termin keinen Dünger mehr; sie sollen ihr Wachstum im Herbst abschließen. Warm überwinternde Pflanzen wachsen dagegen, wenn auch eingeschränkt, weiter. Steht ihnen ausreichendes Licht zur Verfügung, können gelegentliche schwache Düngergaben durchaus sinnvoll sein.

Schnitt

Der Schnitt bei Kübelpflanzen kann aus zwei sehr verschiedenen Überlegungen erfolgen. Im ersten Fall wird er notwendig, wenn der Pflanze nur ein kleiner Überwinterungsraum zur Verfügung steht: Solch eine Pflanze erhält vor dem Einräumen einen Rückschnitt. Im zweiten Fall wünscht der Pflanzenbesitzer für seine Pflanze eine spezielle Wuchsform: Diese Pflanze benötigt einen Formschnitt.

Rückschnitt

Im Sommer wachsen gut versorgte Kübelpflanzen meist zu stattlichen Exemplaren heran. Oft erkennt man den beachtlichen Zuwachs an Blättern und Zweigen erst beim Einräumen. Reicht der Platz im Winterquartier für die hinzugewonnene Pracht nicht mehr aus, ist ein Rückschnitt unvermeidlich.

Vor dem Griff zur Schere sollte man sich jedoch erst über die Wachstumseigenschaften seiner Kübelpflanze informieren. Auf diese Weise schützt man sich vor manch unliebsamer Überraschung. Einige Blütenpflanzen legen bereits im Spätsommer die Knospen für die folgende Vegetationsperiode an. Wer jetzt falsch schneidet, entfernt nicht selten den gesamten Blütenflor des kommenden Jahres. Eine andere Problematik ergibt sich bei all jenen Pflanzen, die erst ab einer bestimmten Größe blühen. Werden sie zu stark zurückgeschnitten, wachsen sie im darauffolgenden Jahr völlig blütenlos bis zu dieser Größe heran, um dann zeitlich stark verzögert, die ersten Blüten zu bilden. Solche Besonderheiten sind bei der Beschreibung der einzelnen Arten nachzulesen.

Oben: Langsame und sorgfältige Erziehung zum Busch
Unten: Erziehung zum Hochstamm durch Entfernen aller Seitentriebe bis zur gewünschten Stammhöhe

Formschnitt

Viele Kübelpflanzenbesitzer wünschen sich für ihre Kübelpflanze eine ganz spezielle Wuchsform. Zwar lassen sich nicht alle Pflanzenarten gleich gut formieren, eine Korrektur ihres Aufbaus ist jedoch fast immer möglich. Hierzu eignet sich ein Formschnitt, der in aller Regel vor dem Austrieb im Frühjahr durchgeführt wird. Zu diesem Zeitpunkt müssen alle überwinternden Pflanzen auch auf die Stabilität ihrer Zweige hin überprüft werden. Abgestorbene und eingetrocknete Abschnitte werden dabei ebenso entfernt, wie zu schwacher Winterwuchs, dessen dünne, lange Triebe nicht als Grundgerüst für den folgenden sommerlichen Zuwachs dienen können.

Wer ein buschiges Wachstum einer Kübelpflanze erzielen möchte, sollte diese Pflanze während der ersten Jahre häufig stutzen. Dadurch verringert sich zwar die Blütenmenge während dieser Zeit; ein dicht verzweigter, stabiler Pflanzenaufbau mit um so mehr Blüten in den folgenden Jahren ist aber der Dank dafür. Ist eine Pflanze erst einmal »erwachsen« und hat ihre gewünschte Form erreicht, kann man sie jedes Frühjahr in der gleichen Höhe formieren.
Einige Pflanzenarten bringen ihre vol-

Ein sonnenbeschienener, geschützter Innenhof ist der ideale Standort für Kübelpflanzen. Hier gedeihen sogar Bananen

le Schönheit erst als Hochstamm zur Geltung. Möchte man eine Jungpflanze zum Hochstamm erziehen, wird der stärkste Trieb als Leittrieb mit einem Pflanzenstab abgestützt und senkrecht nach oben geleitet. Alle bereits vorhandenen sowie sich noch bildende Seitentriebe müssen entfernt werden. Hat der Leittrieb die gewünschte Höhe erreicht, wird durch sein Entspitzen das Wachstum der Seitentriebe innerhalb des zukünftigen Kronenbereiches ausgelöst. Durch mehrmaliges Stutzen dieser Seitentriebe entwickelt sich dann eine gut verzweigte und buschige Krone. Sie kann nun den eigenen Vorstellungen entsprechend durch Schnittmaßnahmen geformt werden.

Einräumen – Ausräumen

Die Temperatur ist der entscheidende Faktor für das Einräumen der Kübelpflanzen ins Winterquartier. Hierbei ist nicht nur die Freilandtemperatur von Bedeutung, ebenso entscheidend ist die des zukünftigen Überwinterungsraumes. Erst eine weitgehende Übereinstimmung beider Temperaturen garantiert den Pflanzen einen schonenden Umzug.

Zuerst werden alle warm zu überwinternden Kübelpflanzen eingeräumt. Der optimale Zeitpunkt hierfür ist erreicht, wenn die mittleren Tagestemperaturen Werte um 10–12 °C anzeigen; meist ist das bei uns im Oktober der Fall. Nach ihrem Umzug ins helle Winterquartier reagieren viele der Pflanzen mit erhöhtem Blattfall. Diese sicher unangenehme, aber nicht besorgniserregende Eigenart läßt sich in den meisten Fällen durch eine Abnahme der Luftfeuchtigkeit erklären. Nach einer kurzen Dauer der Eingewöhnung bilden solche Pflanzen neues Laub aus und wachsen – wenn auch in geringerem Maße – weiter.

Bei allen Kübelpflanzen, die kalt überwintert werden, ist jede Form von win-

Ein ganzer Garten ist hier aus Kübelpflanzen entstanden

terlichem Wachstum unerwünscht; bei ihnen wird eine vollkommene Wachstumsruhe bis zum nächsten Frühjahr angestrebt. Solche Pflanzen sollten im Herbst so lange wie möglich im Freiland gelassen werden. Die dort langsam abnehmenden Temperaturen bis hin zur 0 °C-Grenze härten die Pflanzen ab und stimmen sie schonend auf die erwünschte Winterruhe ein. Zwar tolerieren solche, an kältere Temperaturen gewöhnten Pflanzen auch einige Frostgrade – ihr optimaler Umzugstermin ins kalte Winterquartier bleibt aber der Tag *vor* dem ersten Frosteinbruch. Leider hat sich nämlich gezeigt, daß selbst geringe Gewebeschäden an Pflanzen – werden sie danach kühlen und feuchten Überwinterungsbedingungen ausgesetzt – nicht problemlos sind. So führen abgefrorene Triebspitzen zwar nicht unmittelbar zum Verlust einer Pflanze; sie erhöhen aber das Risiko für Pilz- und Bakterieninfektionen. Jede Art von absterbendem organischen Material bietet diesen Krankheitserregern optimalen Nährboden. Die sich in Wachstumsruhe befindende Pflanze ist häufig nicht mehr in der Lage, durch Abgrenzung des kranken Gewebes eine weitere Ausbreitung der Krankheit zu verhindern. Auf diese Weise kann es, wenn auch verzögert, zum Verlust der ganzen Pflanze kommen.

Bester vorbeugender Schutz vor Krankheiten und Schädlingen im Winterquartier ist eine gründliche Reinigung von Pflanze und Topf vor dem Einräumen. Hierbei werden alle welken und abgestorbenen Blatt-, Stiel- und Blütenreste entfernt. Sie bieten außer Schadpilzen und Bakterien auch Schnecken und verschiedenen Schadinsekten willkommenen Unterschlupf. Ein weiteres Versteck stellt der Topf, insbesondere die Topfunterseite dar; durch die Wasserabzugsöffnungen wandern häufig Schnekken, Asseln und Insekten in das Substrat ein. In großen Kübeln wurden sogar schon ganze Mäusenester gefunden. Wer vor ungebetenen Wintergästen ganz sicher sein will, kann vorsichtig den Wurzelballen aus dem Topf heben, um ihn und die Topfinnenseite zu überprüfen.

Das Ausräumen der Kübelpflanzen orientiert sich an den gleichen Richtlinien wie das Einräumen. Wieder ist die Temperatur entscheidend. Als erste werden alle kalt überwinterten Kübelpflanzen ins Freie gebracht. Empfohlen wird hierfür ein möglichst frühzeitiger Termin, jedoch erst, wenn die schlimmste Frostgefahr gebannt ist. Alle warm überwinterten Kübelpflanzen müssen mit ihrem Umzug ins Freie noch bis in den Mai warten, bis Frost ausgeschlossen werden kann. Da diese Pflanzen schon im warmen und hellen Winterquartier austreiben, sind sie um ein Vielfaches empfindlicher gegenüber kalten Temperaturen und gegenüber direkter Sonneneinstrahlung. Sie gehören deshalb für die erste Woche an einen möglichst schattigen Standort. Günstig für das Ausräumen ist eine Regenperiode. Erst nach dieser Zeit der Akklimatisation werden alle sonnenliebenden Pflanzenarten an ihren endgültigen sonnigen Stellplatz gerückt.

Pflanzenschutz

Pflanzenschutz bei Kübelpflanzen darf durchaus wörtlich verstanden werden. Wer seine Pflanzen vor Kulturfehlern schützt und sie zudem sorgfältig beobachtet, kann größere Schäden in fast allen Fällen vermeiden. Beginnende Infektionskrankheiten oder Schädlingsbefall sind in ihrem Anfangsstadium meist örtlich begrenzt. Zu diesem frühen Zeitpunkt ersetzt ein rascher Griff zur Schere bzw. ein kräftiger Wasserstrahl die oft langwierige chemische Behandlung, die in einem späteren Stadium unvermeidbar wäre.

Da der Markt der chemischen Pflanzenschutzmittel einem ständigen Wechsel unterliegt, wird auf die namentliche Empfehlung spezieller Präparate verzichtet. Hier ist das zuständige Pflanzenschutzamt oder aber der Fachhandel zu befragen, welche der zugelassenen Mittel im vorliegenden Fall zu verwenden sind.

In vielen Fällen ist der Krankheits- oder Schädlingsbefall einer Pflanze zu vermeiden; die folgenden vorbeugenden Empfehlungen wollen dabei helfen:

Alle Kulturmaßnahmen sollten auf die speziellen Bedürfnisse der Pflanzenart abgestimmt werden; das trifft insbesondere für Standort, Düngung und Überwinterung zu.

Die Bewässerung sollte dem wirklichen Bedarf der Pflanze angepaßt werden (siehe Kapitel Bewässerung, Seite 20). Jede Form von Staunässe muß vermieden werden.

Neu hinzugekommene Kübelpflanzen sollten immer auf versteckte Schädlinge und mögliche Krankheiten untersucht werden und im Zweifelsfall getrennt vom vorhandenen Bestand aufgestellt werden.

Kränkelnde oder von Schädlingen befallene Pflanzen sollten ausgesondert und isoliert aufgestellt werden, denn auch Pflanzenkrankheiten sind ansteckend.

Unnötige Pflanzenverletzungen sind zu vermeiden; das trifft besonders für den Wurzelbereich zu, weshalb vor allem beim Umtopfen ganz besondere Sorgfalt nötig ist (siehe Seite 19). Eventuelle Schnittstellen müssen abtrocknen können.

Alle Werkzeuge und Gegenstände, die in Kontakt mit Pflanzensaft treten, wie Messer, sind nach jedem Gebrauch gründlich zu reinigen.

Das Winterquartier sollte regelmäßig gelüftet werden. Die darin zu überwinternden Pflanzen sollten sich so wenig wie möglich berühren.

Regelmäßiges Überprüfen der Pflanzen im Sommer und im Winter ermöglicht die Früherkennung von Schäden und verspricht größtmöglichsten Erfolg bei ihrer Beseitigung.

Gelegentlich kommt es trotz guter Pflege zum Befall mit Schadorganismen. Besondere Klimaverhältnisse, wie langanhaltende Trocken- und Regenperioden aber auch zu warme, schlecht belüftete Überwinterungsquartiere begünstigen die Vermehrung spezifischer Schaderreger. Ihre Verbreitung erfolgt dementsprechend explosionsartig. So muß man während warmer und trockener Sommermonate häufig mit einem starken Befall durch tierische Schädlinge rechnen. Langanhaltende Feuchtigkeit fördert dagegen eher die Ausbreitung von Pilzkrankheiten.

Die häufigsten Schadbilder und ihre Verursacher

Blattläuse

Schadbild: Am frischen Austrieb finden sich dichte Kolonien von Blattläusen der verschiedensten Größen. Durch ihre rege Saugtätigkeit verkrüppeln viele Pflanzenteile. Ferner wurden als Folgekrankheiten nach Blattlausbefall beobachtet: Rußtaupilze. Sie siedeln, als schwarzer, abwischbarer Belag gut erkennbar, auf den zuckerreichen Ausscheidungen der Läuse.
Viren. Blattläuse können durch ihre Saugtätigkeit Viren übertragen.
Bekämpfung: Bei Früherkennung und geringem Befall genügt das Abwaschen oder Abschneiden des betreffenden Austriebs. Bei starkem Befall helfen Spritzungen mit einem dafür geeigneten Insektizid. Die erforderliche Anzahl der Spritzungen ist den jeweiligen Beipackzetteln der Mittel zu entnehmen.

Spinnmilben (Rote Spinne)

Schadbild: Winzige, hell gefleckte Saugstellen an der Blattunterseite lassen die Blätter graugelb und glanzlos erscheinen. Später kommt es zum vollständigen Vertrocknen der Blätter; sie bleiben aber an der Pflanze hängen. Im fortgeschrittenen Stadium findet man an allen befallenen Pflanzenteilen hauchzarte Gespinste mit den ungefähr 0,5 mm großen, gelblichen oder rötlichen Milben.
Bekämpfung: Wiederholte Spritzungen mit einem Akarizid. Die erforderliche Anzahl der Spritzungen ist den jeweiligen Beipackzetteln der Mittel zu entnehmen. Hierbei ist zu beachten, daß alle oberirdischen Pflanzenteile, insbesondere die Blattunterseiten benetzt werden. Unter Glas bietet sich die Möglichkeit, eine biologische Bekämpfung mit Raubmilben durchzuführen.

Weiße Fliege (Mottenschildlaus)

Schadbild: Saugschäden führen erst zur Aufhellung und später zum Vertrocknen der Blätter. Im Gegensatz zu dem äußerst ähnlichen Schadbild, das durch Spinnmilben verursacht wird, sind hier die Aufhellungen grobfleckig und ungleichmäßig auf dem Blatt verteilt. Auf der Blattunterseite findet man die bei Berührung auffliegenden weißen, etwa 2 mm großen Insekten und ihre weißlichen Larven. Da auch sie zuckerreiche Stoffe ausscheiden, siedeln sich als Folgeerscheinung häufig Rußtaupilze an.
Bekämpfung: Wiederholte Spritzungen mit einem dafür geeigneten Insektizid. Die erforderliche Anzahl der Spritzungen ist den jeweiligen Beipackzetteln der Präparate zu entnehmen. Unter Glas ist die biologische Bekämpfung mit Schlupfwespen möglich. Im Winterquartier bewährt sich das Aufhängen beleimter Gelbtafeln.

Schildläuse

Schadbild: Bevorzugt an den Blattunterseiten von immergrünen Hartlaubgewächsen findet man die verschieden großen Schilde der weiblichen Schildläuse. Unter ihnen verbergen sich außer der Mutterlaus zahlreiche junge Larven.
Bekämpfung: Bei geringem Befall hilft das mechanische Entfernen der Tiere mit Bürste und Seifenwasser. Bei starkem Befall sollte bevorzugt mit ölhaltigen Mitteln gespritzt werden, da auf diese Weise die Larven bereits unter dem Schild der Mutterlaus ersticken. Die erforderliche Anzahl der Spritzungen ist den jeweiligen Beipackzetteln der Präparate zu entnehmen.

Blattwanzen

Schadbild: Anfangs winzige, bräunliche Saugstellen verursachen bei noch wachsenden Blättern starke Deformationen und große Fehlstellen, die leicht mit

Agapanthus praecox, Schmucklilie, eine ideale Kübelpflanze für formale Gärten Beschreibung Seite 49

Fraßschäden verwechselt werden. Die Tiere selbst sind, wenn überhaupt, nur in den frühen Morgenstunden zu sehen.
Bekämpfung: Ein Erfolg ist nur möglich, wenn bereits bei beginnender Saugtätigkeit der Insekten gespritzt wird. Wiederholte Spritzungen mit geeigneten Insektiziden sollten frühmorgens erfolgen. Die erforderliche Anzahl der Spritzungen ist den jeweiligen Beipackzetteln der Präparate zu entnehmen.

Schnecken

Schadbild: Mehr oder weniger große Fraßstellen an am Tage vorher völlig intakten Blättern und Blüten. Oft weist eine glänzende Schleimspur frühmorgens auf den nächtlichen Besuch durch Schnecken hin.
Bekämpfung: Absammeln der Tiere während der Nachtstunden oder Aufstellen von Schneckenfallen. Bei starkem Befall sollte ein Schneckenköder ausgestreut werden.

Fußkrankheiten

Sie werden hervorgerufen durch Pilze der verschiedensten Gattungen.
Schadbild: Anfangs zeigen sich am Stengelgrund, vom Pflanzenbesitzer meist unbemerkt, bräunlichschwarze, trocken- oder naßfaule Stellen. Im fortgeschrittenen Stadium sind diese Stellen auch an der Wurzel zu finden. Die Pflanze beginnt, trotz ausreichender Wasserversorgung zu welken und stirbt ab.
Bekämpfung: Im Stadium des Welkens kann die Pflanze nicht mehr gerettet werden. Manchmal besteht aber die Möglichkeit, aus den oberen, noch gesunden Pflanzenteilen Stecklinge zu gewinnen.
Pilzkrankheiten treten bevorzugt unter feuchtkalten Bedingungen im Winterquartier, aber auch bei schlechtem Wetter im Freien auf; beste Vorsorge gegenüber Pilzinfektionen ist ein gut belüfteter Standort und kühlen Temperaturen angepaßtes, vermindertes Gießen.

Grauschimmel

Schadbild: Auf Blättern und Blüten erscheinen faulig-weiche Stellen, auf denen sich bald ein üppiger grauer Schimmelrasen ausbreitet. Bevorzugte Befallsorte sind bereits beschädigte oder abgestorbene Pflanzenteile.
Bekämpfung: Bei Früherkennung reicht es oft aus, alle befallenen Pflanzenteile zu entfernen und durch vermehrtes Lüften die Luftfeuchtigkeit herabzusetzen. Bei starkem Befall sollte mit einem geeigneten Fungizid gegossen bzw. gespritzt werden.

Mehltau

Schadbild: Mehliger, weißer Belag oberhalb oder unterhalb der Blätter sowie an Knospen und Blüten. Es kommt zum Absterben befallener Pflanzenteile und schließlich zum Wachstumsstillstand.
Bekämpfung: Entfernen aller befallenen Pflanzenteile und wiederholt Spritzungen mit einem geeigneten Fungizid.

Bakteriosen

Schadbilder: Vielgestaltig, zum Beispiel ähnlich denen der pilzlichen Fußkrankheiten, Gewebewucherungen an Blättern und Zweigen, Blattdeformationen, Blattverfärbungen.
Bekämpfung: Die in einigen Ländern gegen Pflanzenbakteriosen verabreichten Antibiotika sind in Deutschland aus guten Gründen verboten. Der wiederholte Kontakt mit diesen Wirkstoffen kann nämlich zur Unwirksamkeit dieser Präparate im eigenen Krankheitsfall führen. Es bleiben deshalb nur vorbeugende Maßnahmen, wie das sofortige Aussondern aller kranken Pflanzen.

Virosen

Schadbild: Vielgestaltig, zum Beispiel mosaikartige Farbmuster auf Blättern durch Chlorophyllveränderungen, Blatt- und Blütendeformationen, Farbveränderungen, Wachstumsstillstand.
Bekämpfung: Eine mit einem Virus befallene Pflanze zu heilen, ist zur Zeit nicht möglich. Um so wichtiger ist es, eine Erstinfektion zu vermeiden. Viren werden durch den Kontakt mit infiziertem Pflanzensaft übertragen, der durch kleinste Verletzungen, wie abgebrochene Pflanzenhaare, in eine gesunde Pflanze gelangen kann. Außer mangelnder Hygiene beim Stecklingsschneiden sind tierische Schädlinge, wie Blattläuse, Zikaden, Blattwanzen und Nematoden für die Verbreitung der Viren verantwortlich.

Sonnenbrand

Schadbild: Kurze Zeit nach dem Ausräumen einer Pflanze erscheinen auf den jüngeren Blättern starke Aufhellungen in verschiedener Form und Größe. Einige Tage später fühlt sich das Blatt an diesen Stellen trocken und papierartig an. Danach verbräunen diese Flecken und hinterlassen oft häßliche Fehlstellen.
Ursache: Die in ihrem Überwinterungsraum selbst bei sonnigem Standort an eine eher schwache Lichteinstrahlung gewöhnte Kübelpflanze wurde der direkten Sonneneinstrahlung ausgesetzt. Wie auch ein sonnenentwöhnter Mensch reagiert sie mit Sonnenbrand. Alle Kübelpflanzen sollten deshalb bei bedecktem Himmel oder Regenwetter ausgeräumt und zuerst im Schatten aufgestellt werden (siehe Kapitel Einräumen – Ausräumen, Seite 25).

Pflanzen für helle, kalte Überwinterung

Feijoa, Ananas-Guave
Acca sellowiana

Familie: Myrtengewächse (Myrtaceae)
Heimat: Südamerika

In ihrer Heimat wächst die immergrüne Feijoa zu stattlichen Büschen oder Bäumen von 6–7 m Höhe heran. Ihre länglichen, lederartigen Blätter sind auf der Oberseite glänzend grün und besitzen auf der Unterseite einen silbrig-weißen Filz.

In Kultur erscheinen fortlaufend die äußerst dekorativen Blüten: Aus jeweils vier stark zurückgebogenen, weiß-roten Kronblättern ragen dicke Büschel von 2 cm langen, purpurroten Staubgefäßen heraus.

Feijoa setzt auch bei uns gelegentlich Früchte an. Die Größe dieser säuerlich-süß schmeckenden, grünlichen Beeren variiert je nach Sorte beträchtlich – ebenso ihre Reifezeit; sie beträgt zwischen 4 und 7 Monaten.

Kultur

Standort: vollsonnig.
Platzbedarf: mittelgroß. Aufgrund ihrer Schnittverträglichkeit eignet sich Feijoa bereits für Stellflächen mittlerer Größe.
Düngen: Mai bis August wöchentlich.
Pflege: keine besonderen Maßnahmen erforderlich.
Schädlinge und Krankheiten: keine besondere Anfälligkeit.
Vermehrung: Aus subtropischen Ländern mitgebrachter Samen benötigt vier bis fünf Wochen Keimzeit. Gärtnereien bevorzugen die Vermehrung durch Stecklinge.
Schnitt: falls Platzgründe es erforderlich machen, kann im Oktober ein beliebig starker Rückschnitt erfolgen.
Überwinterung: Oktober bis Mai bei vollem Licht und Temperaturen von 3–8 °C oder bei vollem Licht und Temperaturen von 10–15 °C: Die Pflanze wächst und blüht dann weiter.
Wissenswertes: Feijoa wird in vielen tropischen Ländern als Obstgehölz angebaut. Bei uns werden die roh zu verzehrenden Früchte frühestens im Herbst genußreif. Wem dies zu lange dauert: Auch die dickfleischigen Kronblätter sind eßbar – sie schmecken zuckersüß.

Abbildung *Feijoa* Seite 32

Abbildung *Agave* Seite 32

Agave, »Hundertjährige Aloe«
Agave americana

Familie: Agavengewächse (Agavaceae)
Heimat: Mexiko

Agaven sind in ihrer Kultur äußerst anspruchslos; selbst mangelnde Pflege können diese Pflanzen nicht am stetigen, wenn auch langsamen Wachstum hindern.

Die dickfleischigen und wasserspeichernden Blätter von *Agave americana* werden bis zu 1,5 m lang und an ihrer Basis 25 cm breit. Sie stehen dicht in einer grundständigen Rosette angeordnet – jedes Blatt endet in einem bis zu 5 cm langen, gefährlich spitzen Dorn.

Im Kübel kommen Agaven bei uns so gut wie nie zur Blüte. Ihre Wirkung beschränkt sich daher auf die eindrucksvollen Blätter und ihre dekorative Rosette.

Acca sellowiana,
Feijoa

Unten links:
Agave americana
Unten rechts:
Anisodontea capensis

Neben der blaugrüngrau gefärbten Normalform findet man auch verschiedene buntblättrige Typen, so zum Beispiel die Sorte 'Marginata' mit gelb-gelbweiß gerandeten Blättern oder 'Stricta' mit gelb-grün gestreiftem Blattwerk.

Kultur

Standort: vollsonnig.
Platzbedarf: gering bis groß, je nach Alter der Pflanze. Wegen der Verletzungsgefahr durch die Dornen sollte die Pflanze nur an gesicherten Plätzen aufgestellt werden.
Düngen: in den Monaten Mai bis September 14tägig.
Pflege: gelegentliches Entfernen abgestorbener Blätter.
Schädlinge und Krankheiten: empfindlich gegenüber Staunässe; es besteht dann die Gefahr von Fußkrankheiten; Schildläuse.
Vermehrung: Agaven lassen sich leicht durch Ausläufer oder gekauften Samen vermehren.
Schnitt: nicht möglich.
Überwinterung: November bis April bei vollem Licht (notfalls auch bei geringem Licht) und Temperaturen von 3–8 °C; Agaven sollten über die Wintermonate hinweg trocken gehalten werden.
Wissenswertes: Ihren Namen »Hundertjährige Aloe« verdankt *Agave americana* der falschen Annahme, daß erst eine hundertjährige Pflanze zur Blüte kommt. Tatsächlich dauert es zwischen 20 und 40 Jahren, bevor der eindrucksvolle, bis zu 7 m hohe Blütenstand mit gelblichen Blüten erscheint. Zu diesem Zeitpunkt hat die Agave ihre endgültige Größe erreicht – nach erfolgter Blüte und Samenbildung stirbt die Pflanze ab.

Fleißiges Lieschen
Anisodontea capensis

Abbildung Seite 32 unten

Familie: Malvengewächse (Malvaceae)
Heimat: Südafrika

Das strauchige Fleißige Lieschen darf nicht mit der gleichnamigen, krautigen Balkonpflanze *(Impatiens)* verwechselt werden. In der Natur wächst *Anisodontea* zu 1,5 m hohen, immergrünen Büschen heran; in Kultur wird sie aber auch als Hochstamm oder – aufgrund ihrer guten Schnittverträglichkeit – als Pyramide gezogen.

Die einzeln, in den Blattachseln erscheinenden Blüten sind etwa 3 cm groß und hellrosa mit einer purpurroten Zeichnung an der Blütenbasis. Wie schon der Name Fleißiges Lieschen verspricht, blüht diese Pflanze beständig und äußerst blütenreich von März bis Oktober und im verminderten Umfang auch während der Wintermonate, wenn genügend Licht vorhanden ist.

Kultur

Standort: vollsonnig.
Platzbedarf: gering; kann aufgrund ihrer Schnittverträglichkeit beliebig klein gehalten werden.
Düngen: März bis Oktober wöchentlich.
Pflege: keine besonderen Maßnahmen erforderlich.
Schädlinge und Krankheiten: Weiße Fliege, Spinnmilben, Blattläuse.
Vermehrung: durch Samen. *Anisodontea* setzt leicht Samen an, der jedoch bald gesät werden muß. Die Keimung erfolgt am besten bei 20 °C.
Schnitt: Schnittmaßnahmen sollten bereits im Sommer erfolgen; *Anisodontea capensis* blühen nur gut am frischen Austrieb. Bei der Kultur von Pyramiden oder anderen Kronenformen sollten, über das Jahr verteilt, mehrere Formschnitte erfolgen.
Überwinterung: Ende Oktober bis Mai bei vollem Licht und Temperaturen von

5–15 °C: Die Pflanze wächst und blüht weiter.

Wissenswertes: *Anisodontea capensis* wurde erst 1795 nach England eingeführt. Seitdem erfreut sie sich wachsender Beliebtheit – sehr zu Recht, macht sie doch ihre ganzjährige Blüte zu einer idealen Wintergartenpflanze.

Araukarie, Pagodenbaum

Araucaria

Familie: Araucariengewächse (Araucariaceae)
Araucaria araucana, Chilenische Schmucktanne, Affenschwanztanne
Heimat: Südchile
Araucaria heterophylla, Zimmertanne
Heimat: Norfolk-Inseln

Wer einen geometrisch klaren Aufbau bei Pflanzen bevorzugt, ist mit einer Araukarie gut beraten. Bei diesen immergrünen Bäumen sind die waagerecht bis schräg nach oben gerichteten Äste quirlförmig in Etagen angelegt. Jedes Jahr wächst eine weitere Etage hinzu, so daß bei älteren Pflanzen die Form einer gleichmäßigen Pyramide entsteht (daher der Name »Pagodenbaum«).

Die spiralig um den Ast angeordneten Nadeln sind an ihrer Basis stark verbreitert, schuppenartig aufgereiht und 3–4 cm lang. Bei *A. araucana* bilden sich an den einzelnen Zweigen nur wenige Seitenäste. Dadurch entstehen lange, unverzweigte Triebe, die ihrer Form wegen mit Affenschwänzen verglichen wurden.

Bei *A. heterophylla* findet man dagegen zahlreiche, jeweils zweireihig angeordnete Seitentriebe. Die dadurch entstehenden, gut verzweigten Äste erinnern in ihrem Aussehen eher an die Wedel einer Fächerpalme.

Araucaria heterophylla, **Pagodenbaum**

Kultur

Standort: sonnig bis schattig.

Platzbedarf: gering bis mittelgroß. Araukarien erreichen nach zehn Jahren etwa eine Höhe von 2,5 m.

Düngen: Mai bis September 14tägig.

Pflege: keine besonderen Maßnahmen erforderlich.

Schädlinge und Krankheiten: keine besondere Anfälligkeit vorhanden.

Vermehrung: *A. araucana* durch Samen. *A. heterophylla* durch Samen oder Kopfstecklinge. Die Vermehrung sollte aber gärtnerischen Fachbetrieben überlassen werden.

Schnitt: nicht erforderlich, bzw. nicht möglich, ohne die Schönheit der Pflanze zu zerstören.

Überwinterung: Oktober bis Mai bei vollem Licht und Temperaturen von 4–9 °C; *A. heterophylla* kann auch bei Temperaturen bis 20 °C überwintern.

Wissenswertes: Der wissenschaftliche Name wurde von dem Namen der südchilenischen Provinz Arauco abgeleitet; dort kommt *A. araucana* in großen Waldbeständen vor. Im Herbst werden

Arbutus unedo, **Erdbeerbaum, trägt zu gleicher Zeit Blüten und Früchte**

die rundlichen Zapfen mit den zahlreichen, ca. 5 cm großen Samen reif. Sie sind nicht nur bei den Papageien beliebt; auch der Mensch verschmäht diesen nußförmigen Samen nicht. Er schmeckt im gekochten Zustand ähnlich wie Eßkastanien.

Erdbeerbaum
Arbutus unedo

Familie: Erikagewächse (Ericaceae)
Heimat: Südwesteuropa, Irland

Es gibt nur wenige Pflanzenarten, die sich gleichermaßen durch dekoratives Blattwerk, schöne Blüten und genießbare Früchte auszeichnen. Eine der wenigen, die alle drei Vorzüge zum gleichen Zeitpunkt vorweisen kann, ist der Erdbeerbaum.

In Kübelkultur wird dieser immergrüne, oft strauchartig wachsende Baum zwischen 2 und 4 m hoch; an seinen Naturstandorten kann er bis zu 10 m Höhe erreichen. Über dem lorbeerähnlichen, dunkelgrünen Laub erscheinen von Oktober bis März zahlreiche hängende Rispen mit weiß-rosa getönten Glockenblüten. Voraussetzung für die Winterblüte dieses an Maiglöckchen erinnernden Blütenstandes ist allerdings ein ausreichend heller Standort während der Wintermonate. Die anschließend erscheinenden kugeligen, erdbeerähnlichen Früchte färben sich während ihrer Reifezeit von Grün über Gelb nach Rot hin um und hängen lange am Baum.

Kultur

Standort: sonnig bis halbschattig.
Platzbedarf: klein bis groß, je nach Alter der Pflanze.
Düngen: Mai bis September wöchentlich.
Pflege: ständige und ausreichende Wasserversorgung mit kalkarmem Gießwasser ist unbedingt nötig.

Schädlinge und Krankheiten: keine besondere Anfälligkeit vorhanden.
Vermehrung: kann durch Samen – im Mittelmeerraum und Irland gesammelt – erfolgen; Stecklingsvermehrung erfordert gärtnerische Vermehrungseinrichtungen.
Schnitt: Formschnitt vor dem Ausräumen bei Bedarf.
Überwinterung: November bis April bei vollem Licht und Temperaturen von 3–8 °C. Da der Erdbeerbaum seine Blüten im Winter entwickelt, sollte er für die Überwinterung in einem kalten Wintergarten stehen und nicht gerade in einem Notquartier.

Blütenstand von *Callistemon,* Zylinderputzer

Wissenswertes: Wer vom erdbeerähnlichen Aussehen der Früchte auch auf einen erdbeerähnlichen Geschmack hofft, wird leider enttäuscht. Die beim Rohverzehr eher fade schmeckenden Früchte werden jedoch in Südeuropa zur Herstellung von Likör und Branntwein genutzt.

Zylinderputzer
Callistemon

Familie: Myrtengewächse (Myrtaceae)
Heimat: Australien

Von *Callistemon* eignen sich besonders drei Arten als Kübelpflanze: *C. citrinus, C. linearis* und *C. speciosus.* Als immergrüner Strauch wird *Callistemon* in seiner südaustralischen Heimat 3–6 m hoch. Seinen deutschen Namen Zylinderputzer verdankt er den 6–10 cm langen, flaschenbürstenähnlichen Blütenständen, die von Mai bis Juni an zahlreichen Triebenden erscheinen. Scharlachrote Staubfäden mit leuchtend gelben Staubbeuteln geben der Blüte ihre intensive Farbe; die Kronblätter sind – wie bei vielen Myrtengewächsen – klein und unscheinbar.

Noch während der Blütezeit wächst der Trieb vegetativ weiter; der Blütenstand »wandert« dadurch in die Zweigmitte und bildet kugelförmige, äußerst harte Fruchtkapseln aus, die meist mehrere Jahre an der Pflanze überdauern.

Kultur

Standort: sonnig bis halbschattig.
Platzbedarf: mittelgroß; ältere Pflanzen wachsen stark in die Breite.
Düngen: Mai bis August 14tägig.
Substrat: *Callistemon* benötigt zur optimalen Entwicklung ein saueres Substrat mit einem pH-Wert von 5–5,5. Man erreicht diesen Wert durch Beimischung von reinem Torf oder Nadelerde.
Pflege: keine besonderen Maßnahmen erforderlich.

Schädlinge und Krankheiten: keine besondere Anfälligkeit vorhanden.
Vermehrung: durch Samen oder Stecklinge, sollte aber Fachbetrieben überlassen werden.
Schnitt: Um eine gute Verzweigung zu erreichen, sollten Jungpflanzen während der ersten Jahre mehrmals gestutzt werden; ältere Pflanzen können direkt nach der Blüte zurückgeschnitten und in eine bessere Form gebracht werden. Der im gleichen Jahr noch erfolgende vegetative Austrieb hat genügend Entwicklungszeit, um dann bereits im folgenden Frühsommer wieder Blüten zu tragen.
Überwinterung: Oktober bis Mai bei vollem Licht und Temperaturen von 5–10 °C.
Wissenswertes: Die Blätter von *Callistemon* variieren je nach Art und Sorte in ihrer Länge, ihrer Farbe und ihrer Härte. Vielen gemeinsam ist aber ein äußerst aromatischer, an Gewürze erinnernder Duft, der besonders beim Zerreiben der Blätter wahrgenommen wird.

Kamelie
Camellia japonica und Camellia-Hybriden

Familie: Teegewächse (Theaceae)
Heimat der Wildart: Japan, Korea, Taiwan

Wie der echte Teestrauch *(Camellia sinensis)*, aus dessen Blättern Tee gewonnen wird, gehört auch die Kamelie *(Camellia japonica)* zu der Familie der Teegewächse. Im Gegensatz zum Teestrauch, dessen weiße Blüten nur 2–3 cm groß werden, erreichen die Blüten von *C. japonica* und ihren Hybriden Größen zwischen 4 und 15 cm. Die Farbpalette dieser einfachen oder gefüllten Blüten reicht von Reinweiß über Rosa zu leuchtendem Rot. Gelbliche oder bläuliche Farbtöne sind auch heute noch eine Seltenheit.

Camellia japonica

Die Blütenknospen dieser schönen Zierpflanze werden bereits während der Sommermonate bei Temperaturen über 15 °C und hoher Lichtintensität angelegt. Sie öffnen sich aber erst in der Zeit zwischen Spätherbst und Frühjahr. Aus diesem Grund können Kamelien besonders allen Wintergartenbesitzern empfohlen werden. Mit ihren immergrünen, glänzenden Blättern sind sie aber auch während des Sommers eine durchaus attraktive Grünpflanze. Die vielen Mißerfolge mit Kamelien sind darauf zurückzuführen, daß sie häufig fälschlicherweise als Zimmerpflanzen in warmen Räumen gehalten werden. Daß Kamelien durchaus langlebig sein können, beweist ein über 200 Jahre altes Exemplar in den Herrenhäuser Gärten, Hannover. 1779 brachte der Botaniker C. P. Thunberg vier Kamelienpflanzen aus Japan mit. Zwei davon überlebten bis heute; eine steht als Kübelpflanze in Herrenhausen, die andere schmückt ausgepflanzt den Schloßpark von Pillnitz bei Dresden.

Kultur

Standort: halbschattig.
Platzbedarf: gering bis mittelgroß. Ihre Form und Größe läßt sich durch regelmäßigen Rückschnitt bestimmen. Dies

bedeutet aber zugleich eine Reduzierung der Blüten, da die Knospen jeweils am Triebende gebildet werden. Der Blütenansatz erfolgt bei Abschluß des Triebwachstums, bereits im Sommer.

Düngen: von Beginn des Neutriebs bis Juli jeweils wöchentlich mit einem mit Spurenelementen angereicherten Volldünger.

Substrat: auf saueres Substrat achten (pH 5,5); bei höherem pH-Wert Torf zusetzen.

Pflege: Kamelien müssen immer gleichmäßig feucht gehalten werden. Während der Aufblühphase verursachen zu hohe Temperaturen und mangelnde Luftfeuchtigkeit den gefürchteten Knospenabwurf und nicht – wie fälschlicherweise oft vermutet wird – das Drehen und Bewegen einer Pflanze. Die ideale Temperatur während dieses Zeitraums liegt bei 10 °C.

Schädlinge und Krankheiten: Blattfleckenkrankheiten und Knospenfäule können infolge zu hoher Luftfeuchtigkeit im Winterquartier auftreten.

Vermehrung: im August, September durch Stecklinge. Durch Absenker, indem bodennahe Triebe für mindestens eine Vegetationsperiode mit Torf abgedeckt, ständig feucht gehalten und nach Wurzelbildung von der Mutterpflanze abgetrennt werden.

Schnitt: Form- und Auslichtungsschnitt nach Bedarf im Frühjahr.

Überwinterung: November bis April bei vollem Licht und Temperaturen von 5–14 °C; höhere Temperaturen können Knospenfall verursachen.

Wissenswertes: Die ersten Kamelienpflanzen fanden auf recht eigentümliche Weise ihren Weg nach Europa: Um das damalige Teemonopol der Chinesen zu brechen, wollte man einige echte Teepflanzen *(Camellia sinensis)* nach England schmuggeln. Die englischen Kaufleute hatten aber nicht mit der Schlitzohrigkeit ihrer chinesischen Lieferanten gerechnet, die ihnen statt der Teepflanze die ähnlich aussehende Japanische Kamelie verkauften. Für die blumenbegeisterten Engländer war die Enttäuschung jedoch nicht allzu groß – sie erkannten schnell, welch edle Zierpflanze sie erhalten hatten.

Strauchmargerite
Chrysanthemum frutescens Euryops athanasiae

Familie: Korbblütler (Compositae)
Heimat: Kanarische Inseln *(Chrysanthemum)*
Südafrika *(Euryops)*

Jeder kennt Strauchmargeriten, aber nur wenige kennen den interessanten Aufbau ihrer Blüten. Bei der vermeintlichen Einzelblüte handelt es sich nämlich um einen großen Blütenstand, der sich aus winzigen, in der Mitte befindlichen, röhrenförmigen Blüten und größeren, zungenförmigen Blüten – die den Strahlenkranz bilden – zusammensetzt.

Strauchmargeriten wachsen als Büsche oder kleine Hochstämmchen zu einer maximalen Höhe von 1,75 m heran. *Chrysanthemum frutescens* besitzt grünes bis graublaues, gefiedertes Laub, das einen schönen Kontrast zu den weißen, hellgelben oder rosafarbenen Blüten bildet. Man findet diese Pflanzen einfach, aber auch gefüllt blühend.

Bei Strauchmargeriten mit leuchtend goldgelben Blüten handelt es sich dagegen meist um *Euryops athanasiae.* Eine getrennte Beschreibung der beiden Pflanzengattungen erweist sich als unnötig, da ihre Blüheigenschaften und ihre Kultur weitgehend übereinstimmen: Beide gehören zu den sichersten Dauerblühern von Mai bis Oktober.

Kultur

Standort: sonnig.

Platzbedarf: gering bis mittelgroß; Form und Größe lassen sich durch Schnittmaßnahmen beliebig korrigieren.

Düngen: Mai bis September wöchentlich.

Chrysanthemum *frutescens*, **Strauchmargerite, besonders dekorativ neben dem Brunnen**

Pflege: die verwelkten Blütenstände haften lange an der Pflanze und bieten keinen schönen Anblick; sie müssen auch deshalb regelmäßig entfernt werden, damit laufend neue Blüten gebildet werden.
Schädlinge und Krankheiten: Blattläuse, Spinnmilben, Weiße Fliege.
Vermehrung: durch Stecklinge; ist nur im Gewächshaus möglich.
Schnitt: Rückschnitt und Auslichten im Oktober; Formschnitt Ende März oder Anfang April.
Überwinterung: Oktober bis Mai bei vollem Licht und Temperaturen von 8–13 °C: Die Pflanzen müssen sparsam gegossen werden. Die Überwinterung aller halbverholzender Pflanzen, wie auch der Strauchmargeriten, ist leider äußerst problematisch; nicht selten sterben große Teilpartien innerhalb der Pflanze oder im ungünstigsten Fall die ganze Pflanze ab.
Wissenswertes: Obwohl die Ursprungsländer von *Chrysanthemum* und *Euryops* weit voneinander entfernt liegen, lassen sich beide Gattungen nur schwer unterscheiden. Wer es trotzdem versuchen möchte: Die unter den Korbblüten vorhandenen Hüllblättchen zeigen bei Chrysanthemum einen trockenhäutigen Rand; bei Euryops sind sie dagegen immer vollständig grün.

Zistrose
Cistus

Familie: Zistrosengewächse (Cistaceae)
Heimat: Südwesteuropa, Nordafrika

Zistrosen sind immergrüne, oft reichverzweigte Sträucher, die nie höher als 2 m werden. Durch ihre dichte Belaubung mit filzig behaarten Blättern sind sie auch im blütenlosen Zustand attraktive Kübelpflanzen. Viele Arten sind dafür geeignet, insbesondere: *Cistus × aguilari, Cistus creticus, Cistus crispus, Cistus ladanifer* und *Cistus × purpureus.* Die Blütezeit der Zistrosen beginnt im

Rechte Seite: ***Cycas revoluta,*** **Japanischer Palmfarn mit anderen Kübelpflanzen in einem Gartenhof**

Rechte Seite: zwei Exemplare von *Dicksonia antarctica,* Baumfarn

Mai mit der Hauptblüte, die bis Ende Juni andauert. Danach werden den ganzen Sommer hindurch vereinzelt Blüten gebildet. Während dieser Zeit öffnen sich die reinweißen, rosa oder rosalilafarbenen Blüten für jeweils einen Tag. Diese wie leicht zerknittert wirkenden Blüten fallen durch zahlreiche, leuchtend gelbe Staubgefäße auf und erreichen je nach Art und Sorte einen Durchmesser von über 7 cm.

Kultur

Standort: vollsonnig.
Platzbedarf: gering bis mittelgroß.
Düngen: Mai bis August wöchentlich.
Pflege: keine besonderen Maßnahmen erforderlich.
Schädlinge und Krankheiten: keine besondere Anfälligkeit vorhanden.
Vermehrung: durch Samen (Jungpflanzen blühen meist schon im zweiten Jahr) oder durch Stecklinge bei 18–20 °C (mindestens vier Wochen).
Schnitt: zur besseren Verzweigung müssen junge Zistrosen bereits im Spätsommer zurückgeschnitten werden; sie bilden sonst keine blühfähigen Triebe mehr aus.
Überwinterung: September bis Mai bei vollem Licht und Temperaturen von 5–14 °C.
Wissenswertes: An heißen Sommertagen verströmen die Zistrosen einen angenehm aromatischen Duft. Er entsteht in zahlreichen Öldrüsen auf den Blättern, die sich aus diesem Grund auch leicht klebrig anfühlen. Für die Zistrosen bedeuten diese ätherischen Öle eine Verbesserung ihrer Überlebenschance – das Weidevieh der mediterranen Macchien meidet deshalb die Sträucher. Nicht so die Parfümindustrie, die aus *Cistus ladanifer* das wohlriechende Ladanumharz gewinnt.

Cistus* × *aguilari, **Zistrose**

Japanischer Palmfarn
Cycas revoluta

Familie: Palmfarngewächse (Cycadaceae)
Heimat: Japan, Südostasien

Im Erdmittelalter (vor 200 Millionen Jahren) bestimmten unzählige Palmfarne das Vegetationsbild unserer Erde. Bis auf einen kleinen Rest von etwa 80 Arten sind diese Pflanzen im Laufe der Erdgeschichte ausgestorben. Der Japanische Palmfarn ist eines dieser noch lebenden Fossilien.

Cycas revoluta bildet mit zunehmendem Alter einen bis zu 4 m hohen Stamm aus, der einen Schopf gefiederter Blätter trägt. Auf diese Weise ähnelt er den Baumfarnen; seine dunkelgrünen, glänzenden Blätter sind jedoch von äußerst stabiler Konsistenz.

Der Japanische Palmfarn wächst sehr langsam; ein 1 m hohes Exemplar ist im Durchschnitt 50 Jahre alt. Die Pflanze ist zweihäusig, das heißt, es gibt weibliche und männliche Pflanzen. Wer bereits eine ältere Pflanze besitzt, kann anhand der an der Spitze ausgebildeten Blüten das Geschlecht der Pflanze bestimmen. Die männlichen, blütenstaubproduzierenden Blüten ähneln in ihrem Aussehen einem aufrecht stehenden Zapfen. Die weiblichen Blüten gleichen stark verkleinerten Blättern, die jedoch nicht ergrünen, sondern dicht mit gelbbraunen Haaren bedeckt sind.

Kultur

Standort: halbschattig.
Platzbedarf: Der anfangs geringe Platzbedarf erhöht sich mit zunehmendem Alter der Pflanze durch die in die Länge wachsenden und waagerecht abstehenden Wedel.
Düngen: Mai bis August 14tägig.
Pflege: keine besonderen Maßnahmen erforderlich.
Schädlinge und Krankheiten: keine besondere Anfälligkeit vorhanden.
Vermehrung: aus Japan und Israel werden in großer Zahl Jungpflanzen eingeführt, die als kleiner Austrieb von den Stämmen älterer Pflanzen abgeschnitten und bewurzelt wurden. Samenvermehrung ist möglich, aber sehr langwierig.
Schnitt: nicht erforderlich, bzw. nicht möglich, ohne die Schönheit der Pflanze zu beeinträchtigen.
Überwinterung: Oktober bis April bei vollem Licht und Temperaturen von 7–13 °C; Palmfarne benötigen hohe Luftfeuchtigkeit, sonst trocknen ihre Wedel leicht ein.
Wissenswertes: Während bei uns die dekorativen Wedel des Japanischen Palmfarns in der Trauerfloristik Verwendung fanden, wurde in China das stärkereiche Mark der Stämme genutzt. Zu Sago verarbeitet diente es der Brotzubereitung.

Da der Japanische Palmfarm unter das Naturschutzgesetz fällt, gelten für seinen Erwerb die gleichen Hinweise wie für *Dicksonia antarctica* (siehe unten).

Baumfarn
Dicksonia antarctica

Familie: Dicksoniengewächse (Dicksoniaceae)
Heimat: Australien, Tasmanien, Neuseeland

»In der Geborgenheit der Wälder geboren, ohne Blumen ist ihr ganzer Charak-

ter das Gepräge edler Einfachheit, und zwar in allen Formen und Stadien ihres Lebens.« Diese 1886 von Heinrich Gaerdt veröffentlichte Beschreibung charakterisiert in treffender Form die schlichte Schönheit der Farne und insbesondere die der Baumfarne. Leider fühlen sich nur wenige der zahlreichen tropischen Arten bei uns wohl. Zu ihnen gehört die dekorative *Dicksonia antarctica* und dieser Baumfarn verträgt sogar kurzzeitig schwache Fröste und Trockenheit.

In ihrer ostaustralischen Heimat wächst *D. antarctica* bevorzugt in den schattigen Schluchten des kühlen und feuchten Bergregenwaldes. Dort wachsen ihre immergrünen Wedel bis zu 4 m heran, bei uns erreichen sie dagegen höchstens eine Länge von 2 m.

Als Jungpflanze unterscheidet sich der Baumfarn kaum von den üblichen Gartenfarnen. Erst mit zunehmendem Alter entwickelt sich sein dicker Stamm, der dem Baumfarn ein urweltliches Aussehen verleiht und dem er letztendlich seinen Namen verdankt.

Kultur

Standort: schattig, windgeschützt.
Platzbedarf: Der anfangs geringe Platzbedarf erhöht sich mit zunehmendem Alter der Pflanze durch die in die Länge wachsenden, waagerecht abstehenden Wedel.
Düngen: Mai bis August 14tägig.
Pflege: Die Pflanzen müssen gleichmäßig feucht gehalten werden.
Schädlinge und Krankheiten: keine besondere Anfälligkeit vorhanden.
Vermehrung: Durch Sporen; die Vermehrung bleibt deshalb den gärtnerischen Fachbetrieben vorbehalten.
Schnitt: nicht erforderlich.
Überwinterung: Oktober bis April bei vollem Licht und Temperaturen von 7–13 °C.
Wissenswertes: Alle Baumfarne gehören nach dem Bundesnaturschutzgesetz zu den besonders geschützten Pflanzenarten. Ihr Besitz ist nur gestattet, wenn nachgewiesen werden kann, daß diese Pflanzen durch gärtnerischen Anbau vermehrt wurden und nicht der Natur entnommen sind. Da die Naturschutzbehörde auch vom Pflanzenliebhaber eine Besitzberechtigung verlangen kann, empfiehlt es sich, vom Verkäufer solcher Pflanzen eine Bescheinigung über die Herkunft der gekauften Pflanzen (CITES-Bescheinigung) zu verlangen und diese sorgfältig aufzubewahren.

Strauchveronika
Hebe-Andersonii-Hybriden
Hebe speciosa

Familie: Braunwurzgewächse (Scrophulariaceae)
Heimat: Neuseeland

Bei den ziemlich kompakt wachsenden Strauchveroniken handelt es sich um kleinbleibende, immergrüne Sträucher,

Hebe-Andersonii-Hybride, Strauchveronika

die kaum über 1 m hoch werden. Ihre glänzend grüne Belaubung und ihre reiche Blüte im Spätsommer machen sie zu einer äußerst aparten Kübelpflanze, die leider noch viel zu wenig Beachtung gefunden hat.

Ende Juli bis September erscheinen jeweils in den Blattachseln zahlreiche Blütentrauben, deren Einzelblüten bei *Hebe speciosa* blauviolett und bei den *Hebe*-Andersonii-Hybriden schneeweiß, rosa, rot, violett oder blau gefärbt sind.

Kultur

Standort: sonnig, windgeschützt.
Platzbedarf: gering; läßt sich durch Schnitt korrigieren.
Düngen: Mai bis August 14tägig.
Pflege: Wind oder starker Regen läßt die Büsche leicht auseinanderfallen; es empfiehlt sich, die kompakte Buschform mit einigen Stäben zu stabilisieren.
Schädlinge und Krankheiten: keine besondere Anfälligkeit vorhanden.
Vermehrung: durch Stecklinge. Bei hoher Luftfeuchte (Folienabdeckung) und Temperaturen um 22 °C wurzeln sie leicht.
Schnitt: Formschnitt.
Überwinterung: Oktober bis April bei vollem Licht und Temperaturen von 5–14 °C.
Wissenswertes: Hebe ist als Kübelpflanze viel zu selten anzutreffen. Dabei trägt sie ihren Namen zu Recht: Hebe war die Tochter von Zeus und Hera – und die Göttin der Jugendschönheit.

Lorbeerbaum
Laurus nobilis

Familie: Lorbeergewächse (Lauraceae)
Heimat: Mittelmeergebiet

Eine der wenigen Heil- und Gewürzpflanzen, die in der Gefäßkultur größere Bedeutung erlangte, ist der Lorbeer. Auch als Kübelpflanze schätzt man in erster Linie sein immergrünes, auf der Blattoberseite ledrig glänzendes Laub; allerdings weniger wegen seiner würzenden Inhaltsstoffe, sondern aufgrund des Zierwerts. Besonders schön kommen die länglich ovalen und bis zu 10 cm langen Blätter bei geschnittenen Kunstformen (Pyramide, Kegel, Hochstamm) zur Geltung.

Im zeitigen Frühjahr bilden sich an allen mehrjährigen Pflanzen kleine, büschelige Dolden mit zahlreichen weißlich-gelben Blüten. Aus ihnen entwickeln sich während des Sommers an den weiblichen Lorbeerbäumen die etwa kirschgroßen, schwarzglänzenden, länglichen Beeren.

Der Lorbeerbaum, *Laurus nobilis,* wird gerne an Eingängen verwendet. Er kann auch bescheidenere Türen zieren

Kultur

Standort: sonnig bis schattig.
Platzbedarf: mittelgroß, läßt sich durch Schnitt beeinflussen.
Düngen: April bis August 14tägig.
Pflege: keine besonderen Maßnahmen.
Schädlinge: Schildläuse, Pilzinfektionen.
Vermehrung: Stecklinge wurzeln bei Temperaturen um 18 °C in einigen Wochen.
Schnitt: gut schnittverträglich; Lorbeer eignet sich zur Erziehung von Kunstformen; Formschnitt sollte Ende März erfolgen.
Überwinterung: November bis April, hell, bei Temperaturen von 2–6 °C.
Wissenswertes: Ausreichend bekannt sind die verdauungsfördernden Eigenschaften getrockneter Lorbeerblätter. Sie beruhen auf den in ihnen enthaltenen ätherischen Ölen und Bitterstoffen. Auch die Früchte werden zu medizinischen Zwecken verwendet. Aus ihnen gewinnt man das hellgrüne, fast salbenartige Lorbeeröl. Es enthält neben verschiedenen Fettsäuren etwa 1% ätherische Öle und wird als durchblutungsförderndes Einreibemittel genutzt.

Eisenholzbaum
Metrosideros excelsa

Familie: Myrtengewächse (Myrtaceae)
Heimat: Neuseeland

Der Eisenholzbaum, der in seiner Heimat 20–25 m hoch werden kann, gehört auch bei uns zu den stark wachsenden Kübelpflanzen. Seine lederartigen, immergrünen Blätter glänzen graugrün auf der Oberseite; die Unterseite ist dagegen von samtartigen, silbrig glänzenden Haaren bedeckt. Schon allein aufgrund dieses Laubes wirkt der Eisenholzbaum äußerst dekorativ.

Zu einer besonderen Attraktion wird er jedoch Ende Juni, wenn für drei bis

Metrosideros excelsa, Eisenholzbaum

vier Wochen seine scharlachroten Blüten erscheinen. Diese Blüten besitzen keine Blütenblätter, ihre leuchtende Farbe wird allein von den zahlreichen, 3 cm langen Staubgefäßen erzeugt.

Leider blühen Jungpflanzen des Eisenholzbaumes nur vereinzelt; nach zwei bis drei Jahren steigt ihre Blühbereitschaft an und nimmt mit zunehmendem Alter ständig zu.

Kultur

Standort: sonnig bis halbschattig.
Platzbedarf: groß, erst große Pflanzen blühen gut.
Düngen: Mai bis August wöchentlich.
Pflege: keine besonderen Maßnahmen erforderlich.
Schädlinge und Krankheiten: keine besondere Anfälligkeit vorhanden.
Vermehrung: durch Stecklinge, sollte aber dem gärtnerischen Fachbetrieb überlassen werden.
Schnitt: Falls Platzgründe es erforderlich machen, kann notfalls im Oktober ein starker Rückschnitt erfolgen; im folgenden Jahr werden dann allerdings keine Blüten gebildet.
Überwinterung: Ende Oktober bis April bei vollem Licht und Temperaturen von 3–8 °C.
Damit möglichst viele Blütenknospen angelegt werden, darf die Überwinterungstemperatur 10 °C nicht übersteigen.
Wissenswertes: In Neuseeland wird der Eisenholzbaum seiner schönen Blüten wegen gerne als Weihnachtsbaum verwendet. Seine Blütezeit auf der Südhalbkugel der Erde fällt genau in die Weihnachtszeit.

Oleander, Rosenlorbeer
Nerium oleander

Familie: Hundsgiftgewächse (Apocynaceae)
Heimat: Mittelmeerraum, in vielen tropischen Ländern eingebürgert

Oleander wird für die Gefäßkultur bevorzugt in Buschform herangezogen. Seine schmalen, lederartigen Blätter werden 10–30 cm lang und glänzen auf der Oberseite in tiefem Dunkelgrün. Der Zierwert dieses Laubes ist unbestreitbar, besonders bei allen panaschierten Formen, und tröstet damit etwas über die ausbleibende Blüte während kühler und verregneter Sommer hinweg.

Für die Entwicklung der Blüten bis zum vollständigen Aufblühen aller Knospen benötigt Oleander sehr viel Wärme; das gilt besonders für alle gefüllt blühenden Sorten. So kommt es, daß in klimatisch ungünstigen Regionen der Rosenlorbeer nur in wirklich heißen und langen Sommern seinem Ruf als Blütenpflanze gerecht wird. Dann aber erblühen fortlaufend von Juli bis September ständig neue Einzelblüten aus den endständigen Blütenständen.

Je nach Sorte unterscheidet man einfach und gefüllt blühende Typen. Die Farbpalette reicht dabei über Weiß, Creme, Gelb und Apricot bis hin zu intensivem Kupfer – oder ausgehend von der Stammform Rosa über Hellrot zu leuchtendem Dunkelrot mit zum Teil weißen Einfärbungen. Vermutlich durch Kreuzungen mit dem Duftenden Oleander *(Nerium indicum)* entstanden die beliebten duftenden Sorten.

Kultur

Standort: vollsonnig, windgeschützt.
Platzbedarf: gering bis mittelgroß, durch Schnitt korrigierbar.
Düngen: April bis August wöchentlich.
Pflege: Wasser läßt die Kronblätter der offenen Blüten verkleben und verbräunen und fördert Pilzinfektionen. Blühende Pflanzen sollten deshalb vor starkem Regen geschützt werden.
Schädlinge und Krankheiten: Schildläuse; Pilz- und Bakterienerkrankungen: Beide verursachen bei Oleander das Absterben einzelner Triebe, die sich erst schwarzbräunlich verfärben und dann eintrocknen. Treten zusätzlich an den

Abbildung Oleander Seite 46

Blättern oder Stengeln krebsartige Gewebewucherungen auf, handelt es sich um den, durch Bakterien verursachten Oleanderkrebs.
Unabhängig davon, ob es sich um eine Pilz- oder Bakterieninfektion handelt, sollten alle sich unnatürlich verändernden Teile herausgeschnitten werden.
Vermehrung: bevorzugt durch Stecklinge, was sogar im Wasserglas gelingt. Aber auch im Urlaub gesammelter Samen keimt bei Temperaturen um 30 °C nach wenigen Tagen.
Schnitt: Damit sich die Pflanzen besser aufbauen, sollten immer wenige Äste stark zurückgeschnitten werden. Wer dagegen alle Triebe einkürzt, bringt sich leicht um den Blütenflor des nächsten Jahres; schneidet man doch mit den Triebspitzen auch die im Herbst angelegten Knospen ab, die sich sonst im folgenden Jahr öffnen würden.
Überwinterung: November bis April bei geringem Licht und Temperaturen von 5–10 °C oder hell bei Temperaturen von 5–15 °C. Dabei wenig gießen.
Wissenswertes: Alle Pflanzenteile des Oleanders enthalten herzwirksame Glykoside, die bei Aufnahme entsprechender Mengen zu Herzrhythmusstörungen bis hin zur Herzlähmung führen können. Beim Umgang mit Oleander ist deshalb entsprechende Vorsicht geboten.

Tropischer Veilchenstrauch
Tibouchina urvilleana

Familie: Schwarzmundgewächse (Melastomataceae)
Heimat: Brasilien

Nur selten ist ein deutscher Name für eine Pflanze so zutreffend, wie »Tropischer Veilchenstrauch« oder auch »Samtveilchen« für *Tibouchina urvilleana.* Die leuchtend violettblauen Blüten dieser dekorativen Art erinnern nicht nur in ihrer Farbe, sondern auch in ihrer Form an besonders große Veilchen.

Auffällig sind auch die 10–15 cm lan-

gen, ovalen Blätter von *Tibouchina.* Jeweils fünf ausgeprägte Längsnerven zeichnen sich deutlich an der smaragdgrünen, samtig behaarten Oberfläche ab und teilen das Blatt in vier spitz zulaufende Segmente. Alle Blattränder sind rötlich umrandet; den gleichen Farbton findet man auf den noch geschlossenen Blütenknospen wieder.

Die Blütezeit von *Tibouchina* erstreckt sich von Juli bis weit in den Herbst hinein. In dieser Zeit öffnen sich nacheinander zahlreiche, in endständigen Scheinrispen angeordnete Einzelblüten. Diese können einen Durchmesser von 12 cm erreichen, lassen aber bereits nach ein bis zwei Tagen ihre intensiv blauen Blütenblätter fallen.

Kultur

Standort: vollsonnig.
Platzbedarf: gering bis mittelgroß.
Düngen: Mai bis September 14tägig. *Tibouchina* sollte auch während der Sommermonate nur mäßig gegossen werden.
Pflege: häufiges Entfernen abgefallener Blütenblätter, die auf den großen Blättern der Pflanze liegen bleiben.
Schädlinge und Krankheiten: keine besondere Anfälligkeit vorhanden.
Vermehrung: durch Stecklinge, sollte Fachbetrieben überlassen werden.
Schnitt: Jungpflanzen sollten in den ersten Jahren mehrmals zurückgeschnitten werden. Bei ausreichender Verzweigung genügt ein einmaliger Formschnitt im Frühjahr.
Überwinterung: Oktober bis Mai bei vollem Licht und Temperaturen von 6–12 °C; dabei sparsam gießen.
Wissenswertes: Blickt man in eine Tibouchinablüte hinein, fallen zuerst zehn unterschiedlich lange, purpurfarbene Staubblätter auf, die – wie auch der Griffel – stark behaart sind. Ihr merkwürdiges Aussehen hat schon so manchen Betrachter irritiert, erinnern sie doch bei flüchtigem Hinsehn an eine auf dem Rücken liegende Spinne.

Laurustinus

Viburnum tinus

Familie: Geißblattgewächse (Caprifoliaceae)
Heimat: Mittelmeergebiet

Tibouchina urvilleana, **Tropischer Veilchenstrauch** **siehe auch Seite 6**

Linke Seite: Weiße und rosablühende Form von Oleander

Unten: ***Viburnum tinus,*** **Laurustinus**

In seiner südeuropäischen Heimat wird dieser immergrüne und dichtverzweigte Strauch bis zu 5 m hoch. Seine 10 cm langen, oval geformten Blätter glänzen in tiefem Dunkelgrün und sind von lederartiger Beschaffenheit. Mittlerweile findet man in Kultur auch weißbuntlaubige *Viburnum*, so zum Beispiel die Sorte 'Variegatum'.

Ab Ende November erscheinen in zahlreichen, 5–9 cm großen Trugdolden die weiß bis weißrosafarbenen, zart duftenden Blüten, die sich nach der Blütezeit zu schwarzblauen, rundlichen Früchten entwickeln.

Kultur

Standort: sonnig.
Platzbedarf: gering bis mittelgroß, durch Schnitt korrigierbar.
Düngen: April bis Juli wöchentlich.
Pflege: Entfernen der Fruchtstände fördert den Neuaustrieb.
Schädlinge und Krankheiten: keine besondere Anfälligkeit vorhanden.
Vermehrung: Stecklinge wurzeln im Sommer unter Folienabdeckung bei Temperaturen um 21 °C nach wenigen Wochen.
Schnitt: zu große Pflanzen vertragen nach der Blüte einen starken Rückschnitt. *Viburnum* eignet sich auch zur Erziehung von Kunstformen, wie Pyramiden, Kegel oder Kugelbäumchen.
Überwinterung: Oktober bis April bei vollem Licht und Temperaturen von 2–6 °C. Die Pflanze blüht während der Wintermonate ununterbrochen weiter.
Wissenswertes: Die Hauptblütezeit dieser schönen Blatt- und Blütenpflanze liegt im Winter und Frühjahr. Wer sich an der überreichen Blütenpracht erfreuen will, sollte deshalb Besitzer eines kühlen Wintergartens sein.

Folgende an anderer Stelle beschriebene Pflanzen können ebenfalls hell und kalt (5–10 °C) überwintert werden:

Agapanthus praecox (s. Seite 49)
Ardisia crenata (s. Seite 78)
Beaucarnea recurvata (s. Seite 84)
Brugmansia (s. Seite 61)
Cestrum (s. Seite 64)
Chamaerops humilis (s. Seite 83)
Citrus aurantium (s. Seite 65)
Citrus aurantium var. *myrtifolia* (s. Seite 65)
Citrus limon (s. Seite 65)
× *Citrofortunella mitis* (s. Seite 65)
Clerodendrum bungei (s. Seite 50)
Clethra arborea (s. Seite 66)
Clivia miniata (s. Seite 81)
Cordyline australis (s. Seite 84)
Erythrina crista-galli (s. Seite 51)
× *Fatshedera lizei* (s. Seite 78)
Fatsia japonica (s. Seite 78)
Fremontodendron californicum (s. Seite 69)
Fuchsia (s. Seite 70)
Haemanthus (s. Seite 52)
Hedychium gardnerianum (s. Seite 54)
Iochroma (s. Seite 70)
Musa basjoo (s. Seite 58)
Phoenix canariensis (s. Seite 83)
Phoenix roebelenii (s. Seite 83)
Plumbago auriculata (s. Seite 54)
Punica granatum (s. Seite 57)
Rhapis excelsa (s. Seite 83)
Solanum rantonnetii (s. Seite 74)
Tecomaria capensis (s. Seite 75)
Trachycarpus fortunei (s. Seite 83)
Washingtonia filifera (s. Seite 83)
Yucca aloifolia (s. Seite 84)
Yucca elephantipes (s. Seite 84)

Pflanzen für dunkle, kalte Überwinterung

Schmucklilie, Liebesblume
Agapanthus praecox

Familie: Liliengewächse (Liliaceae)
Heimat: Südafrika

Schmucklilien gehören zu den schönsten und am häufigsten anzutreffenden Kübelpflanzen.
Im Unterschied zu den meist groß werdenden Holzgewächsen sind *Agapanthus* Kräuter. Sie bestehen aus verdickten, unterirdischen Wurzelstöcken (Rhizomen), an deren Enden bis zu 80 cm lange, überhängende Blätter in zweireihiger Anordnung entspringen.

Es gibt laubabwerfende und immergrüne *Agapanthus*-Arten; als Kübelpflanzen haben sich besonders die immergrünen bewährt. Im Handel sind überwiegend Hybriden erhältlich, die in den Formenkreis von *A. praecox* gehören. Diese reichblühende Art erreicht eine Höhe von 1,20 m und trägt bis zu 120 Einzelblüten je Dolde.

Von Anfang Juli bis Ende September erscheinen mehrere Blütendolden, je nach Sorte, in den Farben Dunkelblau, Hellblau oder Weiß. Nach der Blüte werden im Frühherbst bei Temperaturen unter 10 °C bereits die Blütenknospen für das kommende Jahr angelegt. Die Pflan-

Agapanthus praecox,
Schmucklilie
siehe auch Seite 29

zen sollten deshalb möglichst bis Anfang November im Freien bleiben.

Kultur

Standort: sonnig bis halbschattig.
Platzbedarf: gering.
Düngen: Mai bis August wöchentlich.
Pflege: Entfernen der eingetrockneten Blätter während der Überwinterung.
Schädlinge und Krankheiten: keine besondere Anfälligkeit vorhanden.
Vermehrung: durch Teilung oder Samen. Die ersten Blüten können bereits im zweiten Jahr erscheinen.
Schnitt: nicht erforderlich, etwa alle drei Jahre sollten die Pflanzen geteilt werden, damit Wurzeln und Blätter ausreichend Platz haben.
Überwinterung: November bis Mai bei Temperaturen von 3–8 °C. Bei hellem Standort bleibt *Agapanthus* immergrün, bei dunklem Standort muß mit dem Verlust der Blätter gerechnet werden.

***Clerodendrum bungei*, Baum der Hoffnung**

Wissenswertes: Der hohe Zierwert der über 1 m langen Blütenstände ist unbestreitbar. Auch im geschnittenen Zustand ergeben die blau oder weiß gefärbten Dolden einen äußerst haltbaren Zimmerschmuck.

Baum der Hoffnung
Clerodendrum bungei

Familie: Verbenengewächse (Verbenaceae)
Heimat: China

Clerodendrum bungei, auch Kashmirbouquet genannt, gehört zu den wenigen Kübelpflanzen, die einen milden Winter, ausgepflanzt und mit entsprechendem Winterschutz versehen (Reisigabdeckung), auch im Freien überstehen. Als laubabwerfender Strauch wächst er zu einer Höhe von nur 1,5 bis 2 m heran. Seine dekorativen, herzförmigen Blätter werden etwa 15 cm lang und setzen bei Beschädigung einen eher unangenehmen Geruch frei.

Die zahlreichen rosa bis rot gefärbten Einzelblüten stehen in 15 cm breiten Trugdolden angeordnet am Ende eines jeden Triebes. Während der Vegetationsperiode im Sommer erscheinen fortlaufend neue Bodenausläufer, die größtenteils noch im gleichen Jahr zur Blüte kommen. Dadurch erstreckt sich die Blütezeit dieser farbenprächtigen Pflanze von Juli bis weit in den Oktober hinein.

Kultur

Standort: sonnig bis halbschattig.
Platzbedarf: gering.
Düngen: Mai bis August wöchentlich.
Pflege: keine besonderen Maßnahmen erforderlich.
Schädlinge und Krankheiten: Blattläuse, Weiße Fliege.
Vermehrung: durch Stecklinge, einfacher ist die Teilung des Wurzelstocks.
Schnitt: nach Bedarf vor der Überwin-

terung; auch ein vollständiger Rückschnitt wird gut vertragen.

Überwinterung: Oktober bis Mai bei geringem Licht und Temperaturen von 5–12 °C; die Wasserzufuhr ist stark einzuschränken. Ende März beginnt mit zunehmenden Temperaturen der neue Austrieb; die Pflanze sollte nun heller gestellt und stärker gegossen werden.

Wissenswertes: »Baum der Hoffnung« ist die Übersetzung des griechischen Gattungsnamens (kleros = Hoffnung, Schicksal; dendron = Baum). In China wurde sie aufgrund medizinischer Eigenschaften genutzt. Hilfesuchenden wurde sie so zum Baum der Hoffnung.

Korallenstrauch
Erythrina crista-galli

Familie: Hülsenfrüchtler (Leguminosae)
Heimat: Brasilien

Erythrina ist in ihrer südamerikanischen Heimat als mittelhoher, laubabwerfender Baum bekannt. Bei uns wird sie dagegen durch den jährlichen, starken Rückschnitt strauchförmig gezogen; der deutsche Name Korallenstrauch weist auf diese spezielle Wuchsform hin.

Ab Mai bilden sich an der Schnittstelle zahlreiche peitschenförmige Triebe, die zu einer Länge von etwa 1,50 m her-

Erythrina crista-galli, Korallenstrauch

anwachsen. Mit zunehmendem Alter der Pflanze nimmt auch die Zahl dieser Austriebe zu. Der Korallenstrauch wird dadurch von Jahr zu Jahr buschiger und schöner.

An der Spitze jedes Triebes öffnen sich ab Juli oder August für etwa drei Wochen lange Trauben von dunkelroten Blüten, die in ihrer Form an Papageienschnäbel erinnern. Aus einigen entwikkeln sich die hülsenförmigen Früchte, die dann ab September deutlich in Erscheinung treten. Wird dagegen der Blütenstand sofort nach dem Verblühen entfernt, können sich noch ein weiteres Mal einige Blüten entwickeln.

Kultur

Standort: vollsonnig.
Platzbedarf: mittelgroß; die einjährigen, peitschenförmigen Blütentriebe benötigen bei älteren Pflanzen einen Durchmesser von bis zu 4 m.
Düngen: Juli bis August wöchentlich. Bei zu starker oder zu früher Düngung, vor Juli, werden die Triebe zu lang und können durch Regen oder Wind leicht abgeknickt werden.
Pflege: keine besonderen Maßnahmen erforderlich.
Schädlinge und Krankheiten: keine besondere Anfälligkeit vorhanden.
Vermehrung: Fachbetriebe vermehren über Stecklinge und Samen; der Liebhaber kann ältere Pflanzen leicht teilen.
Schnitt: vor dem Einräumen werden Sämlinge und Jungpflanzen bei ihrem ersten Rückschnitt auf etwa 20 cm zurückgenommen. In den folgenden Jahren werden alle Triebe bis auf diesen 20 cm hohen Strunk zurückgeschnitten.
Überwinterung: Oktober bis Mai dunkel oder hell bei Temperaturen von 2–7 °C. Während dieser Zeit benötigt die Pflanze kein Wasser. Mit beginnendem Austrieb ab Anfang Mai müssen die Pflanzen ans Licht gestellt und regelmäßig gewässert werden.
Wissenswertes: Die lateinische Artbezeichnung crista-galli und auch ihr brasilianischer Name Crista di Gallo bedeuten Hahnenkamm, ein für diese Pflanze durchaus treffender Name.

Blutblume
Haemanthus

Familie: Amaryllisgewächse (Amaryllidaceae)
Heimat: Afrika (Ursprungsarten)

Von den etwa 60 verschiedenen *Haemanthus*-Arten eignet sich allein die *Haemanthus*-Hybride 'König Albert' für eine Kultur im Kübel. Diese anspruchslose Zwiebelpflanze entwickelt im Frühjahr zahlreiche, 30–40 cm lange, tiefgrüne und länglich geformte Blätter, die ihr Gefäß bald völlig abdecken.

Im Juli oder August erscheinen für etwa vier Wochen die äußerst eindrucksvollen scharlachroten Blütendolden. Sie bestehen aus zahlreichen röhrenförmigen Einzelblüten, aus denen die deutlich längeren Staubgefäße herausragen. Nicht selten erreichen diese Blütenstände einen Durchmesser von über 20 cm.

Kultur

Standort: sonnig bis halbschattig.
Platzbedarf: gering, die Pflanze wird etwa 50 cm hoch.
Düngen: Mai bis August wöchentlich.
Pflege: keine besonderen Maßnahmen erforderlich.
Schädlinge und Krankheiten: Blattläuse, Pilzkrankheiten.
Vermehrung: durch Samen; seltener durch Brutzwiebeln.
Schnitt: nicht erforderlich; zu dicht stehende Horste können geteilt werden.
Überwinterung: Oktober bis Mai dunkel oder hell bei Temperaturen von 5–10 °C. Die Pflanze verliert alle Blätter und muß trocken gehalten werden.
Wissenswertes: Die Sorte 'König Albert' ist eine Hybride und entstand 1909 aus der Kreuzung *Haemanthus katharinae* mit *Haemanthus puniceus*.

Haemanthus-Hybride 'König Albert'

Hedychium gardnerianum, Zieringwer
Beschreibung Seite 54

Rechte Seite: *Plumbago auriculata,* Bleiwurz
Abbildung Zieringwer Seite 53

Zieringwer

Hedychium gardnerianum

Familie: Ingwergewächse (Zingiberaceae)
Heimat: Indien, Nepal

Der in Kübelkultur ziemlich selten anzutreffende Zieringwer ist eine Staude. Jedes Jahr wachsen aus seinem Wurzelstock (Rhizom) mehrere, aus Blattbestandteilen gebildete Stengel empor. Diese können immerhin bis zu 2 m hoch werden und tragen zahlreiche, über 40 cm lange, dunkelgrüne Blätter.

An der Spitze eines jeden Triebes entwickeln sich zwischen August und September die eindrucksvollen, etwa 45 cm langen, aufrechtstehenden Blütenstände. Sie bestehen aus hellgelben Einzelblüten mit auffällig herausragenden, roten Staubblättern und verströmen einen angenehm aromatischen Duft.

Kultur

Standort: halbschattig bis sonnig.
Platzbedarf: gering bis mittelgroß; die Sprosse wachsen vorwiegend in die Höhe.
Düngen: vom Austrieb im April bis August wöchentlich.
Pflege: keine besonderen Maßnahmen erforderlich.
Schädlinge und Krankheiten: keine besondere Anfälligkeit vorhanden.
Vermehrung: durch Teilung des Wurzelstockes.
Schnitt: Im Herbst oder Frühjahr werden die abgeblühten Triebe direkt über dem Boden abgeschnitten.
Überwinterung: Oktober bis April dunkel oder hell bei Temperaturen von 4–9 °C; im Frühjahr bei beginnendem Austrieb hell und wärmer stellen.
Wissenswertes: Der Name *Hedychium* setzt sich aus den griechischen Begriffen hedys (= süß) und chios (= Schnee) zusammen und verweist auf den gewürzartig süßen Duft der Blüten, die bei manchen Arten schneeweiß sind.

Bleiwurz

Plumbago auriculata

Familie: Bleiwurzgewächse (Plumbaginaceae)
Heimat: Südafrika

Die Bleiwurz ist ein prächtiger, immergrüner Strauch mit stark überhängenden Zweigen; sie kann deshalb auch kletternd am Spalier kultiviert werden. Obwohl ihre zahlreichen Austriebe kräftig wachsen, überschreitet diese Kübelpflanze kaum die Höhe und Breite von 3 m. Sollte der vorhandene Platz dennoch nicht ausreichen, läßt sich Plumbago durch Schnitt problemlos verkleinern. Allerdings ist ein starker Rückschnitt immer mit einem verzögerten Erscheinen der Blüten verbunden, da die hellblauen oder weißen Blütenstände nur an den Zweigenden gebildet werden. Jeder Blütenstand besteht aus 20 bis 30 Einzelblüten und erreicht einen Durchmesser von 10 cm.

Die Bleiwurz blüht außerordentlich reich von Ende Mai bis weit in den Herbst hinein und gehört damit zu den wenigen Dauerblühern.

Kultur

Standort: vollsonnig.
Platzbedarf: mittelgroß.
Düngen: April bis August wöchentlich.
Pflege: regelmäßiges Entfernen verwelkter Blütenstände.
Schädlinge und Krankheiten: keine besondere Anfälligkeit vorhanden.
Vermehrung: durch Stecklinge unter Folie, gekauften Samen und Teilung des Wurzelstocks älterer Pflanzen.
Schnitt: Bei dunkler Überwinterung ist ein starker Rückschnitt sämtlicher Triebe vorzunehmen; bei heller Überwinterung werden die Pflanzen nur nach Bedarf ausgelichtet.
Überwinterung: Oktober bis April dunkel bei Temperaturen von 4–8 °C oder bei vollem Licht und Temperaturen von 8–13 °C.

Wissenswertes: Der Kelch der Bleiwurz ist dicht besetzt von etwa 1 mm großen, gestielten Drüsen, die eine klebrige Flüssigkeit absondern. Aus diesem Grund bleiben viele verwelkte Blütenblätter an ihnen hängen, aber auch kleinere Insekten. Für sie werden die rötlich gefärbten Drüsen zu einer tödlichen Falle.

Granatapfel
Punica granatum

Familie: Granatapfelgewächse (Punicaceae)
Heimat: Asien

Eine der traditionsreichsten und symbolträchtigsten Kübelpflanzen ist zweifellos der Granatapfel. Seit der Antike in vielen Kulturen hochgeschätzt und verehrt, ist er heute etwas aus der Mode gekommen. Sehr zu unrecht, machen ihn doch seine Unempfindlichkeit gegenüber Krankheiten und seine problemlose Überwinterung zu einer idealen Kübelpflanze.

Der Granatapfel erreicht als laubabwerfender Busch oder Baum eine maximale Höhe von 6 m. Die kleinen, oval geformten Blätter glänzen auf der Oberseite und fallen durch ihre grasgrüne Farbe auf. An den Spitzen des neuen Austriebs erscheinen im Juli oder August die zahlreichen glockenförmigen Blüten. Je nach Sorte zeigen sie eine orangerot bis rote und seltener auch eine weiße bis gelbliche Farbe. Neben den einfach blühenden gibt es einige gefüllt blühende Typen.

Deutlich kleiner im Wuchs bleibt eine Zwergform ('Nana'), die auffallend dichtbuschig wächst und bereits als Kleinpflanze reich blüht.

Die quittenähnlichen Früchte, die Granatäpfel, entwickeln sich in unserem Klima leider nur selten und reifen noch seltener bis zum Herbst hin aus.

Kultur

Standort: sonnig.
Platzbedarf: mittelgroß bis groß; die Zwergform bleibt klein.
Düngen: Mai bis Anfang August 14tägig.
Pflege: keine besonderen Maßnahmen erforderlich.
Schädlinge und Krankheiten: keine besondere Anfälligkeit vorhanden.
Vermehrung: durch Stecklinge und Samen.
Schnitt: falls erforderlich, kann ein Rückschnitt vor dem Einräumen erfolgen.
Überwinterung: Oktober bis April dunkel bei Temperaturen von 2–8 °C. Die Pflanze schließt dann mit dem Wachstum ab und verliert sämtliche Blätter oder hell bei Temperaturen von 2–10 °C.
Wissenswertes: Wer glaubt, daß Kübelkultur die Lebenserwartung einer Pflanze beeinträchtigt, wird von zahlreichen Granatapfelbäumen eines Besseren belehrt. So kann man beispielsweise im Großen Garten in Hannover-Herrenhausen einen gesunden, aus Venedig stammenden Granatapfel aus dem Jahre 1653 bewundern.

> Aus den anderen drei Gruppen kann nur eine einzige Art ebenfalls dunkel und kalt (5–10 °C) überwintert werden:
> *Musa basjoo*, nach Rückschnitt sämtlicher Blätter (s. Seite 58).

Punica granatum
'Nana', Granatapfel

Pflanzen für helle, temperierte Überwinterung

Bananen
Ensete, Musa

Familie: Bananengewächse (Musaceae)

Ensete ventricosum, Zierbanane,
Heimat: Afrika
Musa acuminata, Zwergbanane
Heimat: China
Musa basjoo, Japanische Faserbanane
Heimat: Riukiu Inseln

Bananen gehören zu den ungewöhnlichsten Erscheinungen im Pflanzenreich. Nicht selten werden sie über 10 m groß und dennoch handelt es sich bei ihnen nicht um Bäume, sondern um riesige Kräuter. Ihr krautiger Scheinstamm wird durch dicht übereinander liegende Blattscheiden gebildet. Im Laufe der Zeit werden die im Innern dieses Stammes nachwachsenden, jüngeren Blätter immer länger, so daß der Scheinstamm immer mehr an Höhe gewinnt.

Bei Kübelkultur werden Zierbanane und Japanische Faserbanane bis etwa 4 m hoch, die Zwergbanane bleibt mit etwa 2 m Größe deutlich kleiner. Aber auch von der letztgenannten Art, die in den tropischen Ländern zur Obsterzeugung angebaut wird, gibt es höher werdende Sorten.

Bananen wachsen schnell und können unter günstigen Bedingungen auch im Kübel nach vier bis fünf Jahren blühen. Dann schiebt sich innerhalb weniger Wochen der Vegetationskegel durch die Stammitte nach oben und schließt am Ende mit einem riesigen Blütenstand ab. Nicht selten bilden sich daran Früchte, die allerdings bei *Ensete* nur etwa 8 cm groß und kaum genießbar sind.

Nach der Blüte stirbt der blütentragende Scheinstamm ab. Für *Ensete ventricosum* bedeutet das den Tod der gesamten Pflanze. Die *Musa*-Arten bilden während ihrer gesamten Kultur fortlaufend Wurzelsprosse, die von der Mutterpflanze abgetrennt und einzeln weiterkultiviert werden können.

Nicht nur hinsichtlich der Fortpflanzung sondern auch in ihrem Erscheinungsbild unterscheiden sich die beiden *Musa*-Arten von der Zierbanane: Die erstgenannten bilden einen dünnen und schlanken Scheinstamm, während der Stamm von *Ensete* an der Basis stark verdickt ist.

Besonders dekorativ ist ein aus dem Botanischen Garten Tübingen stammender rotblättriger Typ der Zierbanane, der unter dem Namen 'Maurelii' im Handel ist.

Kultur

Standort: sonnig bis schattig, windgeschützt. Starker Wind zerreißt die Blattspreiten in Querrichtung; sie wirken dadurch wie gefiedert. Da die Risse parallel zu den Nerven erfolgen, wird die Funktion der Blätter kaum beeinträchtigt.
Platzbedarf: groß, etwa 2 bis 3 m^2, auf ausreichende Höhe ist bei *Ensete ventricosum* und *Musa basjoo* zu achten.
Düngen: Mai bis Septemer zweimal wöchentlich oder einmal wöchentlich mit 4 ml bzw. 4 g Volldünger pro Liter Gießwasser.
Pflege: gelegentliches Entfernen trockener und abgeknickter Blätter.
Schädlinge und Krankheiten: Spinnmilben.

Ensete ventricosum 'Maurelii'

Vermehrung: *Ensete* wird durch Samen, die rotblättrige Form vegetativ durch Sprossung des Vegetationspunktes, vermehrt. Die Vermehrung von *Musa* erfolgt durch Wurzelsprosse.
Schnitt: falls erforderlich, können vor dem Einräumen die äußeren Blätter am Stamm abgeschnitten werden. *Musa basjoo* kann notfalls bis auf eine Höhe von 50 cm über dem Boden zurückgenommen werden; die Weiterkultur im kommenden Jahr erfolgt dann über Wurzelsprosse.
Überwinterung: *Ensete* von Oktober bis April bei vollem Licht und Temperaturen von 9–14 °C.

Zierbanane mit einem besonders eindrucksvollen Blütenstand

Bougainvillea glabra braucht viel Licht und Wärme, um Blüten zu bilden.
Siehe auch Frontispiz Seite 2

Musa basjoo von November bis April bei vollem Licht und Temperaturen von 5–14 °C. Wird die Pflanze 50 cm über dem Boden abgeschnitten, darf der Überwinterungsraum auch dunkel sein. *Musa acuminata* von Oktober bis April bei vollem Licht und Temperaturen von 10–20 °C.

Wissenswertes: Seit langer Zeit schon gehören Bananen zu den wichtigsten Nutzpflanzen der Menschen. Auch die vorgestellten Arten der Gattungen *Musa* und *Ensete* weisen außer ihrem Zierwert weitere Vorzüge auf. Die etwa 1 m langen Blütenstände von *Ensete ventricosum* werden in Äthiopien gekocht gegessen. *Musa basjoo* wurde in Japan lange Zeit zur Fasergewinnung angebaut. Qualität und Ertrag der Fasern lagen jedoch deutlich unter dem, der heute genutzten *Musa textilis*, aus der der bekannte Manilahanf gewonnen wird.

Drillingsblume
Bougainvillea glabra
Bougainvillea spectabilis

Familie: Wunderblumengewächse (Nyctaginaceae)
Heimat: Brasilien

Für die Kübelkultur haben sich bei Bougainvilleen verschiedene Wuchsformen bewährt. Einerseits kann man diese farbenprächtige Kletterpflanze mit Hilfe eines Spaliers in die Höhe leiten – dafür eignet sich besonders die stark bedornte *Bougainvillea spectabilis.* Andererseits lassen sich durch häufigen Rückschnitt auch kleinere, buschig wirkende Hochstämmchen ziehen.

Mit zunehmender Lichtintensität im Frühjahr erscheinen an den Spitzen kurzer Seitentriebe kleine, weißlichgelbe Blüten. Diese eher unauffälligen, aber echten Blüten werden von drei Laubblättern umrahmt, die in ihrer eiförmigen Gestalt und Größe den normalen Blättern gleichen, sich aber durch eine intensive Färbung deutlich abheben.

Auf diesen sogenannten Hochblättern beruht die starke Farbwirkung der Bougainvilleen.

Da sowohl die kleinen Blüten wie auch die darunter stehenden Hochblätter in Dreiergruppen angeordnet sind, erhielt die Pflanze auch den Namen »Drillingsblume«.

Die Blütezeit der Drillingsblume erstreckt sich von Mai bis in den Frühherbst hinein. Während die Sorten von *B. glabra* überwiegend violettrote Hochblätter besitzen, kommen bei *B. spectabilis* auch Weiß, Gelb, Lila und Orange vor.

Kultur

Standort: vollsonnig, windgeschützt, bevorzugt an einer Südwand.
Platzbedarf: Die einzelnen Triebe können eine beachtliche Länge erreichen, doch da sie aufgebunden bzw. zurückgeschnitten werden, genügt für die Überwinterung eine geringe Stellfläche.
Düngen: Mai bis August wöchentlich.
Pflege: gelegentliches Entfernen verwelkter Blätter, gegebenenfalls Zweige am Spalier befestigen.
Schädlinge und Krankheiten: Blattläuse, Spinnmilben.
Vermehrung: durch Stecklinge; Bewurzelung dauert 4 bis 8 Wochen und soll-

te vorzugsweise den Gärtnereien überlassen werden.
Schnitt: gut schnittverträglich; an Spalieren befestigte Pflanzen werden im Herbst nur ausgelichtet und wenig zurückgeschnitten; freistehende, aus einem kräftigen Stamm austreibende Pflanzen, werden im Herbst stark zurückgeschnitten.
Es empfiehlt sich, Mitte März den winterlichen Zuwachs herauszuschneiden, erst die bei hoher Lichtintensität gebildeten Frühjahrstriebe bilden Blüten.
Überwinterung: *B. spectabilis*: Oktober bis Mai bei vollem Licht und Temperaturen von 12–22 °C: Die Pflanze verliert kaum Blätter und wächst geringfügig weiter. Ältere Pflanzen vertragen auch Temperaturen unter 12 °C, verlieren dann jedoch sämtliche Blätter.
B. glabra: Oktober bis Mai bei vollem Licht und Temperaturen von 10–15 °C: Die Pflanze behält den größten Teil ihres Laubes. Das ist vorteilhaft, da bei diesen Pflanzen die Blüte einige Wochen früher erscheint als bei Pflanzen, die nach Abwurf sämtlicher Blätter eine lange Ruhezeit durchmachen.
Während der Überwinterung darf nur sehr sparsam gegossen werden.
Wissenswertes: Die *Bougainvillea* verdankt ihren Namen dem französischen Seefahrer und Entdecker Louis Antoine Comte de Bougainville (1729–1811). 1834 blühte die erste *Bougainvillea* in Paris.

Engelstrompeten
Brugmansia (Datura)

Familie: Nachtschattengewächse (Solanaceae)
Heimat: Südamerika

Wer sich seinen Kübelpflanzen hauptsächlich nachmittags oder in den frühen Abendstunden widmen möchte, sollte sich für Engelstrompeten entscheiden. Zu dieser Zeit, wo viele andere Pflanzen ihre Blüten bereits wieder schließen,

Brugmansia suaveolens **(oben) und** ***Brugmansia sanguinea*** **(unten) Engelstrompeten**

versuchen die Engelstrompeten mittels verschiedener Aktivitäten Nachtfalter anzulocken: Zahlreiche neue Blüten entfalten sich, färben sich in ihre endgültige Farbe um und beginnen, intensiv zu duften.

Bei den verschiedenen Brugmansien-Arten handelt es sich um Büsche oder kleine Bäume, die in ihrer Heimat 4–8 m hoch werden. Allen gemeinsam ist das Erscheinen zahlreicher trompetenförmiger Blüten während der Sommermonate. Verschieden ist die Blütengröße und das Blühverhalten. In Kultur findet man:

Brugmansia arborea: 12–17 cm lange, weiße, duftende Blüten, die gleichmäßig von Mai bis September erscheinen; guter Ansatz von samtig behaarten, eiförmigen Früchten (giftig).
Brugmansia aurea: 14–27 cm lange, weiße, gelbe oder rosafarbene, duftende Blüten, die in häufig auftretenden Blühschüben von Juni bis September erscheinen.
Brugmansia sanguinea: 15–25 cm lange, gelb-rote, gelbe oder rötliche Blüten, die in gelegentlichen Blühschüben am Anfang und gegen Ende jeder Vegetationsperiode erscheinen.
Brugmansia suaveolens: 24–32 cm lange, weiße, gelbe, oder rosafarbene, duftende Blüten, die in häufig auftretenden Blühschüben von Mai bis September erscheinen.
Brugmansia versicolor: 30–50 cm lange, weiße, gelbe oder rosafarbene, duftende Blüten, die in etwa zwei Blühschüben ab Juli oder August erscheinen.

Ebenfalls von Bedeutung sind verschiedene Kreuzungen zwischen einigen Arten, so zum Beispiel *Brugmanisa × candida* (= *B. aurea × B. versicolor*) und *Brugmansia × flava* (= *B. arborea × B. sanguinea*), deren Blüheigenschaften sich von denen ihrer Eltern ableiten lassen.

Kultur

Standort: sonnig bis halbschattig, windgeschützt.
Platzbedarf: mittelgroß bis groß, häufig zeigen erst große Pflanzen gute Blüheigenschaften.
Düngen: Mai bis August zweimal wöchentlich oder wöchentlich 4 ml bzw. g Dünger pro Liter Wasser.
Pflege: häufiges Entfernen der vergilbten Blätter.
Schädlinge und Krankheiten: Blattwanzen, Viren, Blattläuse, Schnecken.
Vermehrung: durch Stecklinge oder Samen (keimt bei Temperaturen um 20 °C nach 2–3 Wochen).
Schnitt: Rückschnitt falls erforderlich, Formschnitt vor dem Ausräumen. Zu starker Schnitt verzögert jedoch die nächste Blütenbildung.
Überwinterung: Oktober bis Mai bei vollem Licht und Temperaturen von 10–15 °C: Die Pflanze wächst und blüht vermindert weiter. Oder von November bis Mai bei geringem Licht und Temperaturen von 5–10 °C: Die Pflanze verliert alle Blätter; ihre Entwicklung im Frühjahr erfolgt verzögert.
Wissenswertes: Alle Pflanzenteile der Engelstrompeten enthalten Alkaloide, die bei entsprechender Aufnahme unangenehme Bewußtseinsveränderungen zur Folge haben. Ihre halluzinogene Wirkung war vielen Indianerstämmen vertraut; so wurden in einigen Brugmansienarten alte Kultpflanzen südamerikanischer Indianer wiedererkannt.

Kerzenstrauch
Cassia didymobotrya

Familie: Hülsenfrüchtler (Leguminosae)
Heimat: Tropisches Afrika

Von den verschiedenen *Cassia*-Arten ist *Cassia didymobotrya* die wohl schönste Kübelpflanze. Während des ganzen Sommers erscheinen zahlreiche, 20–30 cm große und aufrechtstehende Blütentrau-

Cassia didymobotrya, Kerzenstrauch

ben – ihnen verdankt diese Pflanze ihren deutschen Namen Kerzenstrauch. Die »Kerzen« bestehen aus dunkelbraunen Blütenknospen und den darunter liegenden goldgelben Blüten. In Afrika schätzt man dagegen mehr den Duft der zerriebenen Blätter; dort trägt die Pflanze den Namen Erdnußbutterkassie.

In ihrer tropischen Heimat ist *Cassia didymobotrya* normalerweise immergrün. Nur während besonders kühler Winter (unter 10 °C) verliert sie dort ihr Laub und benötigt dann im folgenden Frühjahr lange bis zur ersten Blüte. Solche freiwachsenden Exemplare erreichen nicht selten eine Größe von 3–4 m; in Kübelkultur bleibt diese Pflanze jedoch deutlich kleiner.

Kultur

Standort: vollsonnig, windgeschützt.
Platzbedarf: gering bis mittelgroß.
Düngen: in den Monaten Mai bis August wöchentlich.
Pflege: keine besonderen Maßnahmen erforderlich.
Schädlinge und Krankheiten: Weiße Fliege.
Vermehrung: durch Samen. Der Samenansatz erfolgt aber nur in tropischen Gebieten.
Schnitt: vor dem Einräumen ins Überwinterungsquartier.
Überwinterung: Anfang Oktober bis Mai bei vollem Licht und Temperaturen von 11–16 °C: Die Pflanze behält einen Großteil ihrer Blätter und bildet einzelne Blütenstände. Sie eignet sich deshalb besonders für einen kühlen Wintergarten.
Wissenswertes: An *Cassia* kann man interessante botanische Beobachtungen machen: Jeweils gegen Abend faltet sie ihre Fiederblätter nach oben zusammen. Diese Schlafbewegung wird durch den Tag-Nacht-Wechsel gesteuert und schützt die Pflanze vor unnötiger Wärmeabstrahlung während der kühleren Nachtstunden.

Cestrum elegans (oben) und *C. aurantiacum* (unten), Hammerstrauch

Hammerstrauch
Cestrum

Familie: Nachtschattengewächse (Solanaceae)

Cestrum aurantiacum
Heimat: Guatemala

Cestrum elegans,
Cestrum fasciculatum
Heimat: Mexiko

Bei allen, für eine Gefäßkultur in Frage kommenden *Cestrum* -Arten handelt es sich um immergrüne, starkwachsende Sträucher, die auch zum Hochstamm herangezogen werden können. Ihr tiefgrünes, weiches Laub ist eirund bis lanzettlich geformt und wird etwa 10 cm lang.

Die röhrenförmigen, eher kleinen Blüten erscheinen in zahlreichen Blütentrauben am Ende jedes Triebes und in den Blattachseln. Die Blütezeit aller *Cestrum*-Arten erstreckt sich von Juni bis weit in den Oktober hinein. Anhand ihrer Blütenfarbe und Blütengröße unterscheidet man drei Arten:

Cestrum aurantiacum: gelbe bis gelborangefarbene Einzelblüten von 2–2,5 cm Länge.
Cestrum elegans: tief violettrote Einzelblüten von etwa 2–2,5 cm Länge.
Cestrum fasciculatum: leuchtend scharlachrote Blüten, ähnlich denen von *C. elegans*, aber größer.

Kultur

Standort: sonnig bis halbschattig.
Platzbedarf: mittelgroß bis groß; läßt sich durch Schnitt korrigieren.
Düngen: Mai bis September zweimal wöchentlich oder wöchentlich 4 ml bzw. g Dünger pro Liter Wasser.
Pflege: keine besonderen Maßnahmen erforderlich.
Schädlinge und Krankheiten: Blattläuse, Weiße Fliege.
Vermehrung: durch Stecklinge unter Folie bei Temperaturen um 22 °C.
Schnitt: Rückschnitt nach Bedarf vor der Überwinterung.
Überwinterung: Oktober bis Mai bei vollem Licht und bei Temperaturen von 10–15 °C. Die Pflanze behält ihr Laub, wächst und blüht weiter. Oder von Oktober bis Mai bei geringem Licht und Temperaturen von 5–10 °C: Die Pflanze verliert einen Großteil ihrer Blätter, die Wasserzufuhr ist dementsprechend stark einzuschränken.
Wissenswertes: Nicht alle *Cestrum*-Arten sind wegen ihrer schönen Blüten beliebt. Von einer als ›Dama da Noite‹

(Dame der Nacht) bekannten Pflanze werden in Brasilien die getrockneten Blätter geraucht. Vermutlich handelt es sich um *C. laevigatum*, eine kleinblütige Art mit stark duftenden Blüten.

Zitronen- und Orangenbäumchen
Citrus-Gewächse

Familie: Rautengewächse (Rutaceae)
Heimat: Südostasien

Vier Arten sind als Kübelpflanzen besonders geeignet:
Citrus aurantium, Pomeranze
Citrus aurantium var. *myrtifolia*, Myrtenblättrige Pomeranze
Citrus limon, Zitrone
× *Citrofortunella mitis*, Calamondin

Citrusgewächse gehören zu den ältesten Kulturpflanzen der Menschen. Schon früh wurden sie als Obstgehölze in alle subtropischen Gebiete eingeführt und angebaut. Aus diesem Grund erweist es sich heute leider als unmöglich, die genauere Heimat der einzelnen Arten zu bestimmen. Man kann nur vermuten, daß die Pomeranze aus Vietnam und die Zitrone aus Indien stammt.

In Europa erlangten die verschiedenen Citrusgewächse ihre größte Bedeutung als Zierpflanzen während des Barockzeitalters, wo sie als wichtigste Pflanzen der Mittelpunkt in zahlreichen Orangerien waren. Zu dieser Zeit gab es bereits mehrere tausend verschiedene Sorten.

Citrusgewächse wachsen als immergrüne Sträucher oder mittelgroße Bäume bis zu einer Höhe von 10 m heran. Für eine Kultur im Kübel empfehlen sich die schwachwüchsige Calamondin und die Myrtenblättrige Pomeranze. Sie werden kaum größer als 1,5 m. Von den eher sparrig wachsenden Zitronen eignet sich im besonderen Maße die kleinbleibende und buschig wachsende *Citrus limon* 'Meyer'.

***Citrus aurantium* var. *myrtifolia*, Myrtenblättrige Pomeranze vor einem klassischen Buchsparterre**

Die Blätter aller Citrusgewächse sind ledrig und mit Öldrüsen besetzt; ihre Zweige tragen meist kräftige Dornen. Einzige Ausnahme bildet die Calamondin, sie ist fast dornenlos. Die vorwiegend weißen Blüten öffnen sich während des ganzen Jahres und verströmen dabei einen stark aromatischen Duft. Aus ihnen entwickeln sich erst grüne, später gelb gefärbte Früchte, die aufgrund ihrer fast einjährigen Reifezeit einen dauerhaften Schmuck der Pflanzen darstellen. Zitrone und Calamondin sind eßbar; ganz im Gegensatz zur Pomeranze und der Myrtenblättrigen Pomeranze, deren herbbitterer Geschmack einen

Rechte Seite: *Clethra arborea,* Scheineller im Vordergrund *Cestrum fasciculatum*

Frischverzehr weitgehend ausschließt. Wer auch diese Citrusfrüchte nutzen möchte, muß sie zu Orangenmarmelade oder Likör weiterverarbeiten.

Kultur

Standort: vollsonnig, windgeschützt.
Platzbedarf: gering für Calamondin, Myrtenblättrige Pomeranze, »Meyers Zitrone«; mittelgroß für Pomeranze, Zitrone.
Düngen: Mai bis August 14tägig. Um einer Gelbfärbung der Blätter (Chlorose) vorzubeugen, empfiehlt es sich, während der Wachstumszeit zusätzlich ein- bis zweimal einen eisenhaltigen Spurenelementdünger zu verabreichen.
Substrat: Citruspflanzen bevorzugen ein schwach saueres Substrat (pH 5,5 bis 6).
Pflege: Der Wurzelballen aller Citrusgewächse ist gleichbleibend feucht zu halten; sowohl starke Nässe, wie auch Trockenheit führen zur Wurzelschädigung und damit zum Blattfall. Da das Wurzelwerk dieser Pflanzen nur schwach ausgebildet ist, empfiehlt sich die Verwendung vergleichsweise kleiner Kübel.
Bei der Myrtenblättrigen Pomeranze muß ein Teil des Fruchtansatzes entfernt werden. Das zunehmende Gewicht der Früchte läßt sonst die Zweige abbrechen.
Schädlinge und Krankheiten: Spinnmilben, Blattläuse, Schildläuse, Wurzelfäule.
Vermehrung: Die meisten Citrusgewächse werden veredelt. Aus diesem Grund empfiehlt sich eine Stecklingsvermehrung, die von Gärtnereien durchgeführt wird, nur bei *Citrus aurantium* var. *myrtifolia, Citrus limon* 'Meyer' und × *Citrofortunella mitis.*
Wer Kerne aus Früchten aussät, muß mindestens sechs Jahre bis zur ersten Blüte warten.
Schnitt: Sparrig wachsende Typen der Pomeranze und Zitrone werden im Herbst nach Bedarf geschnitten.
Bei veredelten Pflanzen müssen alle Austriebe unterhalb der Veredlungsstelle entfernt werden.
Überwinterung: Anfang Oktober bis Mai bei vollem Licht und Temperaturen von 5–15 °C.
Wissenswertes: Früher galten Zitronen als Zeichen von Trauer und Tod. Sie dienten der Abwehr finsterer Mächte. Aus diesem Grund trug die Trauergemeinde, gab sie einem Verstorbenen das letzte Geleit, eine Zitrone in der Hand. In manchen Gegenden wurden diese Früchte auch in die Trauerkränze miteingearbeitet.

Scheineller
Clethra arborea

Familie: Scheinellergewächse (Clethraceae)
Heimat: Madeira

Clethra arborea wächst im Unterholz der Bergwälder Madeiras als immergrüner Strauch oder Baum zu einer Höhe von etwa 8 m. Die weichen, länglichen Blätter sind dunkelgrün und glänzen an ihrer Oberseite.

In Kultur erscheinen von Ende Mai bis Juli die verzweigten, etwa 15 cm langen Blütenstände (Rispen) mit zahlreichen weißen Blütenglocken. Diese ähneln nicht nur in ihrer Form unseren Maiblumen, auch der intensive, süßliche Duft erinnert stark an Maiglöckchen.

Kultur

Standort: sonnig bis halbschattig.
Platzbedarf: groß; nur große Pflanzen von 2 m zeigen ihre volle Blütenpracht.
Düngen: Mai bis August wöchentlich.
Pflege: keine besonderen Maßnahmen erforderlich.
Schädlinge und Krankheiten: keine besondere Anfälligkeit vorhanden.
Vermehrung: durch Stecklinge (Wurzelbildung dauert sehr lange) oder Samen.

Schnitt: Falls Platzgründe es erforderlich machen, kann ein Rückschnitt zu Beginn der Überwinterungsperiode erfolgen.

Überwinterung: November bis April bei vollem Licht und Temperaturen von 8–14 °C.

Wissenswertes: Der Gattungsname *Clethra* stammt aus dem Griechischen und bedeutet Erle. Wenn auch *Clethra arborea* kein typisches Beispiel dafür ist – einige der 120 Arten dieser Gattung haben durchaus erlenähnliche Blätter.

Zigarettenblümchen
Cuphea ignea

Familie: Weiderichgewächse (Lythraceae)
Heimat: Mexiko, Jamaica

Cuphea ignea wächst als immergrüner Strauch bis zu einer Höhe von nur 1 m heran; sie eignet sich deshalb besonders für alle kleineren Balkone oder Terrassen. Da sie äußerst schattenverträglich ist, blüht sie selbst an Plätzen, an denen andere Kübelpflanzen bereits versagen.

Die etwa 2–3 cm langen, leuchtend roten Blüten erscheinen unermüdlich und äußerst zahlreich von Mai bis Oktober. An der Öffnung dieser röhrenförmigen Blüten befindet sich ein grauweißer Fleck, der von einem schwarzen Ring umrahmt wird; jede Blüte ähnelt auf diese Weise einer winzigen, glimmenden Zigarette. Neben der Wildform mit dunkelgrünen Blättern gibt es auch eine Sorte mit gelbpanaschiertem Laub, die mit ihren vielen roten Blüten besonders farbig wirkt.

Kultur

Standort: schattig bis sonnig.

Platzbedarf: gering.

Düngen: Mai bis September 14tägig.

Pflege: keine besonderen Maßnahmen erforderlich.

Cuphea ignea, **Zigarettenblümchen**

Schädlinge und Krankheiten: Weiße Fliege.
Vermehrung: durch Samen oder Stecklinge. Sorten mit panaschiertem Laub können nur durch Stecklinge vermehrt werden.
Schnitt: gut schnittverträglich; vor der Überwinterung sollte die Pflanze ausgelichtet werden.
Überwinterung: Oktober bis Mai bei vollem Licht und Temperaturen von 10–15 °C.
Wissenswertes: Dem Zigarettenblümchen fehlen die eigentlichen Blütenblätter. Was hier als Blüte erscheint, sind rot gefärbte Kelchblätter.

Flanellstrauch
Fremontodendron californicum

Familie: Kakaobaumgewächse (Sterculiaceae)
Heimat: Kalifornien

Fremontodendron californicum ist ein immergrüner Strauch oder kleiner Baum, der in seiner Heimat bis 6 m hoch werden kann, im Kübel aber kaum 3 m Höhe erreicht. Sein volkstümlicher Name »Flanellstrauch« bezieht sich auf seine wie aufgerauhter Flanellstoff aussehenden Blätter. Hervorgerufen wird dieser Eindruck durch zahlreiche sternförmige Haare, die an den jungen Zweigen und Blattunterseiten besonders dicht stehen. Beim Umpflanzen oder anderem hautnahen Kontakt können diese Sternhaare einen unangenehmen Juckreiz auslösen, daher ist Vorsicht geboten.

Die 6–8 cm großen Blüten erscheinen während des ganzen Sommers. Ihre Menge entspricht zwar nicht der, des mit *Fremontodendron* verwandten Roseneibischs *(Hibiscus)*, doch die leuchtend goldgelbe Farbe entschädigt weitgehend dafür.

Wie bei allen Kakaobaumgewächsen fehlen auch dem Flanellstrauch echte Blütenblätter. Was auf den ersten Blick gelbe Blütenblätter zu sein scheinen, sind in Wirklichkeit die gefärbten Kelchblätter von außergewöhnlicher Größe.

Fremontodendron californicum,
Flanellstrauch

Kultur

Standort: vollsonnig.
Platzbedarf: mittelgroß.
Düngen: Mai bis August wöchentlich.
Substrat: Die Pflanzen benötigen ein durchlässiges Substrat mit gutem Wasserabzug.
Pflege: keine besonderen Maßnahmen erforderlich.
Schädlinge und Krankheiten: Wurzelerkrankungen bei zu großer Feuchtigkeit.
Vermehrung: Stecklingsvermehrung ist äußerst langwierig, deshalb sollte man der Aussaat den Vorrang geben. *Fremontodendron* setzt leicht Samen an.
Schnitt: Durch vorsichtigen Schnitt während der Vegetationszeit lassen sich sparrige Pflanzen in eine bessere Form bringen.
Überwinterung: Oktober bis April bei vollem Licht und Temperaturen von 7–13 °C; sparsam gießen.
Wissenswertes: Unter den Bergbewohnern Kaliforniens ist das harte, aber biegsame Holz als »Lederholz« bekannt. Die langen, häufig waagerecht abstehenden Triebe wurden deshalb von Fuhrleuten gerne als Peitschen verwendet.

Rechte Seite: Fuchsien entwickeln sich schnell zu prächtigen Kübelpflanzen. Hier eine Triphylla-Hybride mit langen, schmalen Blüten.

Fuchsien

Familie: Nachtkerzengewächse (Onagraceae)
Heimat: Süd- und Mittelamerika

Kübelpflanzen, die auch an schattigen Standorten reich blühen, sind selten. Eine sichere Blüte – auch unter solch schwierigen Bedingungen – versprechen die Fuchsien. Für eine mehrjährige Kultur im Kübel werden sie als Busch oder als kleiner Hochstamm angeboten. Meist handelt es sich dabei um eine der mehreren tausend bekannten Hybriden. Sie unterscheiden sich in Blütenform, Blütengröße und den verschiedensten Farbkombinationen zwischen Kron- und Kelchblättern. So findet man von Weiß über Rosa, Rot, Purpur bis hin zu Dunkelviolett fast alle Rottöne vor.

Aber auch unter den Wildarten findet man manch interessante Kübelpflanze; so zum Beispiel *Fuchsia boliviana*, die aufgrund ihrer besonders großen Blüten und Früchte zahlreiche Freunde gefunden hat.

Fuchsien blühen bei guter Pflege konstant und sicher von Mai bis Oktober. Ab Juli erscheinen bei vielen Sorten die rötlich bis schwarz gefärbten, länglichen Früchte.

Kultur

Standort: sonnig bis schattig.
Platzbedarf: gering bis mittelgroß.
Düngen: Mai bis Ende August wöchentlich.
Pflege: Entfernen verwelkter Blüten; bei manchen Sorten empfiehlt sich das Entfernen der Früchte, um den Blütenansatz zu fördern.
Schädlinge und Krankheiten: Blattläuse, Spinnmilben, Weiße Fliege.
Vermehrung: durch Stecklinge. Durch Samen kann man mit ein wenig Glück neue Sorten erzeugen.
Schnitt: Ende März werden alle störenden und schwachen Triebe entfernt und die verbleibenden Triebe zwecks besserer Verzweigung gestutzt.
Überwinterung: Oktober bis April bei vollem Licht und Temperaturen von 10–15 °C. Oder von November bis April bei geringem Licht und Temperaturen von 3–8 °C: Die Pflanze verliert ihr Laub, ihre Entwicklung im Frühjahr erfolgt verzögert.
Wissenswertes: Die oft zahlreich erscheinenden Fuchsienfrüchte erreichen je nach Sorte Heidelbeer- bis Kirschgröße. Sie variieren stark im Aussehen und ihrem Geschmack: Einige Typen sind angenehm säuerlich und können zu Marmelade oder Gelee verarbeitet werden.

Veilchenstrauch
Iochroma

Familie: Nachtschattengewächse (Solanaceae)

Iochroma coccineum
Heimat: Mittelamerika
Iochroma cyaneum
Heimat: Kolumbien

In seiner tropischen Heimat wird *Iochroma* als immergrüner Strauch 2–3 m hoch. Für eine Kultur im Gefäß eignen sich besonders die beiden schönsten Arten: *Iochroma coccineum* und *Iochroma cyaneum*.

Bei *I. coccineum* erscheinen jeweils am Triebende und in den Blattachseln dichte Blütenbüschel mit leuchtend scharlachroten Blüten. Jede dieser Röhrenblüten mißt zwischen 4 und 5 cm Länge. Die Blütezeit dieser Art beginnt im Juli und dauert bis in den Oktober.

Während des gleichen Zeitraums kommt auch *I. cyaneum* zur Blüte. Dieser Veilchenstrauch bildet lange, oft überhängende Triebe aus, bevor die ersten Blütenbüschel mit den zahlreichen, röhrenförmigen Einzelblüten erscheinen. Ihre Farbpalette reicht je nach Sorte von Hellblau über Dunkelblau und Lila bis Purpurrot.

Unten:
Iochroma cyaneum (links) und *I. coccineum* (rechts), Veilchenstrauch

Kultur

Standort: sonnig bis halbschattig.
Platzbedarf: mittelgroß, durch Schnitt beliebig korrigierbar.
Düngen: Mai bis September wöchentlich.
Pflege: Bei *I. cyaneum* empfiehlt sich das gelegentliche Aufbinden stark überhängender Triebe.
Schädlinge und Krankheiten: Blattläuse, Weiße Fliege, Spinnmilben.
Vermehrung: durch Stecklinge; sollte den Fachbetrieben überlassen werden.
Schnitt: Im Herbst nach Bedarf; zu starker Rückschnitt sollte vermieden werden, da sich sonst die Blüte im folgenden Jahr unnötigerweise verzögert.
Überwinterung: Oktober bis Mai bei vollem Licht und Temperaturen von 9–14 °C: Die Pflanze behält ihr Laub, wächst und blüht weiter.
Oder bei geringem Licht und Temperaturen von 5–10 °C: Die Pflanze verliert viele Blätter.

Wissenswertes: Der deutsche Name Veilchenstrauch stammt aus der Übersetzung des griechischen Namens Iochroma (Ion = Veilchen, chrome = Farbe).

***Lantana*-Camara-Hybride, Wandelröschen siehe auch Umschlagfoto und Seite 90**

Wandelröschen

Lantana-Camara-Hybriden

Familie: Verbenengewächse (Verbenaceae)
Heimat der Ursprungsformen: Südamerika

Die Wandelröschen sind immergrüne Sträucher, deren Ursprungsformen aus Südamerika stammen. Bereits Mitte des 17. Jahrhunderts fanden die ersten Lantanen ihren Weg nach Europa und wurden hier aufgrund ihrer langen Blütezeit, die von Frühjahr bis in den Herbst reicht, zu beliebten Zierpflanzen.

Als Bütenfarben findet man Weiß, Gelb, Orange, Rot und Violett. Bei allen dunklen Farbtönen läßt sich gut beobachten, wie im Laufe der Blütezeit durch Bildung weiterer Farbstoffe die Ausfärbung der Einzelblüten immer intensiver wird. So kommt es, daß im gleichen Blütenstand die älteren Blüten bereits eine andere Farbe besitzen als die jüngeren. Auf diese Farbwandlung bezieht sich der Name Wandelröschen.

Kultur

Standort: vollsonnig.
Platzbedarf: gering bis mittelgroß.
Düngen: Mai bis August wöchentlich.
Pflege: Entfernen der Samenstände fördert die Bildung neuer Blüten.
Schädlinge und Krankheiten: Weiße Fliege, Blattläuse, Spinnmilben.
Vermehrung: durch Stecklinge. Aussaat bringt meist schlechtere Typen und ist nur für die Züchtung neuer Sorten empfehlenswert.
Schnitt: Größere Pflanzen können vor der Überwinterung auf jede gewünschte Größe zurückgeschnitten werden.

Überwinterung: Oktober bis Mai bei vollem Licht und Temperaturen von 10–15 °C: Die Pflanze wächst und blüht, wenn auch vermindert, weiter.
Wissenswertes: In tropischen Gebieten haben sich die Wandelröschen so stark ausgebreitet, daß sie mittlerweile zu den zehn gefährlichsten »Unkräutern« zählen: An Wegrändern und auf Ödland bilden sie undurchdringliche Gebüsche. An Waldrändern überwuchern sie lianenartig die angrenzenden Bäume bis zu einer Höhe von 10 m und ersticken die darunterliegenden Pflanzen. Auf Viehweiden sind sie ihrer giftigen Blätter wegen besonders gefürchtet; nach dem Fressen von Lantanenblättern sterben viele der Tiere ein bis zwei Wochen später an Nierenversagen.

Gauklerblume
Mimulus aurantiacus

Familie: Braunwurzgewächse (Scrophulariaceae)
Heimat: Kalifornien

Während die meisten Gauklerblumen krautige Pflanzen sind, ist die hier erwähnte Art, die auch Klebrige Affenblume genannt wird, eine Besonderheit, denn sie wächst zu einem bis zu 1,5 m hohen, immergrünen Strauch heran. Ihre unermüdliche Blüte von Mai bis September macht sie während der gesamten Sommersaison zu einer äußerst attraktiven Kübelpflanze. Die Einzelblüten erreichen eine durchschnittliche Größe von 4–5 cm und sind gelb, orange bis braunorange – oder seltener auch weiß gefärbt.

Alle jungen Blätter und Sproßteile sind klebrig anzufühlen und duften aromatisch nach Harz.

Kultur

Standort: sonnig bis halbschattig.
Platzbedarf: gering.
Düngen: in den Monaten Mai bis August 14tägig.
Pflege: keine besonderen Maßnahmen erforderlich.
Schädlinge und Krankheiten: Blattläuse, Spinnmilben.
Vermehrung: durch Stecklinge oder Samen (Aussaat bringt die verschiedensten Typen).
Schnitt: Einmal im Jahr ist ein geringfügiger Formschnitt angebracht. Er kann zu jeder Jahreszeit durchgeführt werden.
Überwinterung: Oktober bis Mai bei vollem Licht und Temperaturen von 8–13 °C: Bei ausreichendem Licht bildet die Pflanze auch im Winter einige Blüten.
Wissenswertes: Die in den Blüten der Gauklerblume vorhandene Narbe ist gespalten; die 2–3 mm großen Narbenplatten schließen sich ruckartig bei Berührung, dies geschieht ebenfalls bei der Übertragung von Blütenstaub.

Mimulus aurantiacus, **Gauklerblume**

Solanum rantonnetii, Nachtschatten

Nachtschatten
Solanum rantonnetii

Familie: Nachtschattengewächse (Solanaceae)
Heimat: Argentinien, Paraguay

Von den weit über tausend Arten der Gattung *Solanum* eignet sich besonders *Solanum rantonnetii* für die Gefäßkultur. Dieser immergrüne, 2–3 m hohe Strauch ist dicht belaubt mit weichen, 7–10 cm langen und oval geformten Blättern. Während seiner Blütezeit von Juni bis Oktober erscheinen in den Blattachseln zahlreiche Blütenbüschel mit jeweils zwei bis fünf Einzelblüten. Gute Sorten erreichen einen Durchmesser von etwa 3 cm und zeigen eine violettblaue Färbung mit auffällig gelber Mitte. Dieser leuchtend gelbe Fleck setzt sich zu einem Teil aus der hellgelben Basisfärbung der Blütenblätter und zu einem weiteren Teil aus fünf dottergelb gefärbten Staubgefäßen zusammen.

Kultur

Standort: sonnig bis halbschattig.
Platzbedarf: gering bis mittelgroß; je nach Schnitt.
Düngen: Mai bis September wöchentlich.
Pflege: benötigt hohe und regelmäßige Wassergaben.
Schädlinge und Krankheiten: Blattläuse, Spinnmilben, Weiße Fliege.
Vermehrung: durch Stecklinge, sie wurzeln im Sommer leicht bei Temp. von 22–25 °C unter Folie.
Schnitt: Jungpflanzen sollten der besseren Verzweigung wegen im ersten Jahr mehrmals zurückgeschnitten werden. Bei älteren Pflanzen empfiehlt sich ein einmaliger Rückschnitt im Herbst.
Überwinterung: Oktober bis Mai bei vollem Licht und Temperaturen von 9–14 °C. Oder bei geringem Licht und Temperaturen von 4–8 °C. Die Pflanze verliert dann ein Großteil ihrer Blätter.

Goldglockenstrauch
Tecoma

Familie: Bignoniengewächse (Bignoniaceae)

Tecoma castanifolia
Heimat: Ecuador
Tecoma stans
Heimat: Mittelamerika

Beide *Tecoma*-Arten sind je nach den vorherrschenden Wintertemperaturen immergrüne oder laubabwerfende Sträucher. Während ihrer Vegetationszeit bilden sie an den Triebenden dichte Büschel von etwa 6 cm großen, gelben Glockenblüten. Bei *Tecoma stans* entwickeln sich daraus bohnenförmige Früchte. *Tecoma castanifolia* setzt dagegen in Kübelkultur keine und in ihrer tropischen Heimat nur spärlich Früchte an. Aufgrund dieser einseitigen Samenproduktion ist überwiegend *Tecoma stans* im Angebot der Kübelpflanzengärtnereien zu finden. Sehr zu Unrecht, denn während die Blütezeit von *T. stans* immer wieder durch blütenlose Abschnitte unterbrochen wird, zeichnet sich *T. castanifolia* durch einen beständigen Blütenflor von Anfang Juli bis Oktober aus.

Beide Arten überschreiten an ihren Heimatstandorten kaum eine Wuchshöhe von 6 m; dabei ist die Wuchsform von *T. stans* stärker buschartig, was durch die Bildung zahlreicher Wurzelaustriebe noch verstärkt wird.

Kultur

Standort: sonnig.
Platzbedarf: mittelgroß bis groß; größere Pflanzen blühen besser.
Düngen: Mai bis September wöchentlich.
Pflege: keine besonderen Maßnahmen erforderlich.
Schädlinge und Krankheiten: Blattläuse.
Vermehrung: *T. stans*: durch Samen, Stecklinge oder Teilung älterer Pflanzen. *T. castanifolia*: Die Stecklingsvermehrung bleibt gärtnerischen Betrieben vorbehalten.
Schnitt: vor dem Einräumen empfiehlt sich ein formbildender Rückschnitt.

Tecoma castanifolia, **Goldglockenstrauch**

Überwinterung: Oktober bis Mai bei vollem Licht und Temperaturen von 8–13 °C. Das Laub bleibt weitgehend erhalten, nur bei kühleren Temperaturen kommt es zu starkem Blattfall.
Wissenswertes: *Tecoma castanifolia* wurde erst 1935 aus der Provinz Guayas/Ecuador nach Florida eingeführt. Seitdem bemüht man sich dort um eine stärkere Verbreitung dieser reichblühenden Art. Probleme bereitet hierbei die heimische *T. stans*, deren Verbreitung durch ihren starken Samenflug bereits unerwünschte Ausmaße annahm und sie deshalb als Gartenpflanze unbeliebt machte. Unter diesem Vorurteil ein »Gartenunkraut« zu sein, hat jetzt leider auch *T. castanifolia* zu leiden.

Tecomaria capensis

Familie: Bignoniengewächse (Bignoniaceae)
Heimat: Südafrika

Viele Kübelpflanzen lassen sich zu Hochstämmen heranziehen. Eine Gattung, die für diese Wuchsform besonders geeignet erscheint, ist *Tecomaria*. Bei ihr umrahmen lange, peitschenförmige Triebe mit dunkelgrüngefärbten, glänzenden Fiederblättern elegant den schlanken Stamm.

Im Sommer bilden sich an den Triebenden mehrblütige Blütenstände mit etwa 5 cm langen Einzelblüten. Sie erinnern in ihrer Form an stark verengte, gebogene Trichter und fallen durch eine orangerote bis scharlachrote Färbung auf. Seltenere Blütenfarben sind Rosa und Gelb.

Während *Tecomaria* in Südeuropa zu den blühsichersten und reichblühendsten aller immergrünen Sträucher zählt, entwickeln sich bei uns in kühlen Sommermonaten nur wenige Blüten. Entschädigt wird man dafür in heißen und sonnigen Sommern, wo der Blütenflor bis weit in die Herbstwochen hinein anhält.

Tecomaria capensis **als dichter Busch. Sie eignet sich auch zur Erziehung als Hochstamm**

Kultur

Standort: sonnig.
Platzbedarf: gering bis mittelgroß, abhängig von der gewünschten Wuchsform.
Düngen: Mai bis September wöchentlich.
Pflege: keine besonderen Maßnahmen erforderlich.
Schädlinge und Krankheiten: Blattläuse, Weiße Fliege.
Vermehrung: durch Stecklinge.
Schnitt: vor dem Einräumen sollte ein formbildender Rückschnitt erfolgen.
Überwinterung: Oktober bis Mai bei vollem Licht und Temperaturen von 10–15 °C. Die Pflanze bleibt dann immergrün. Oder bei geringem Licht und Temperaturen von 5–10 °C, wobei die Pflanze ihre Blätter verliert.
Wissenswertes: Wird *Tecomaria capensis* nicht zum Hochstamm erzogen, wächst die Pflanze zu dichten, oft undurchdringlichen Büschen heran. Diese Eigenschaft, sowie die Fähigkeit, ständig neue Bodentriebe zu bilden, wird in tropischen Gebieten genutzt. Dort wird *Tecomaria* auch als Heckenpflanze verwendet.

Folgende an anderer Stelle beschriebene Pflanzen können ebenfalls hell und temperiert (10–15 °C) überwintert werden:

Abutilon (s. Seite 77)
Acca sellowiana (s. Seite 31)
Anisodontea capensis (s. Seite 33)
Araucaria heterophylla (s. Seite 34)
Ardisia crenata (s. Seite 78)
Asclepias curassavica (s. Seite 79)
Beaucarnea recurvata (s. Seite 84)
Camellia (s. Seite 37)
Chamaerops humilis (s. Seite 83)
Chrysanthemum frutescens (s. Seite 38)
Cistus (s. Seite 39)
Clivia miniata (s. Seite 81)
Cordyline australis (s. Seite 84)
Cycas revoluta (s. Seite 40)
Dicksonia antarctica (s. Seite 41)
Euryops athanasiae (s. Seite 38)
×*Fatshedera lizei (s. Seite 78)*
Fatsia japonica (s. Seite 78)
Hebe (s. Seite 42)
Hibiscus rosa-sinensis (s. Seite 81)
Nerium oleander (s. Seite 45)
Phoenix canariensis (s. Seite 83)
Phoenix roebelenii (s. Seite 83)
Plumbago auriculata (s. Seite 54)
Rhapis excelsa (s. Seite 83)
Schefflera actinophylla (s. Seite 78)
Solanum muricatum (s. Seite 85)
Trachycarpus fortunei (s. Seite 83)
Trevesia burckii (s. Seite 78)
Washingtonia filifera (s. Seite 83)
Yucca aloifolia (s. Seite 84)
Yucca elephantipes (s. Seite 84)

Pflanzen für helle, warme Überwinterung

Schönmalve
Abutilon

Familie: Malvengewächse (Malvaceae)
Heimat: Südamerika (Wildformen)

Einige Wildarten von *Abutilon* wurden schon früher von den Menschen genutzt. Außer ihrer Verwendung in der Tiermedizin (das Wort Abutilon stammt aus dem Griechischen und bedeutet Heilpflanze gegen Durchfallerkrankungen des Rindes) lieferten diese Pflanzen auch Bastfasern.

Abutilon-Hybriden, die heute den Großteil aller Schönmalven ausmachen, werden dagegen aufgrund ihrer Schönheit kultiviert. Ihre weichen, immergrünen Blätter ähneln denen des Ahorns und zeigen bei einigen Sorten eine gelbgrüne oder weiß-grüne Panaschierung. Die äußerst zahlreichen und in vielen Farben erscheinenden Blüten entwikkeln sich ganzjährig und machen *Abutilon* auch während der Wintermonate zu einer idealen Zimmerkübelpflanze.

Abutilon megapotamicum, das Rio Grande-Abutilon, mit seinen an rot-gelbe Papierlampions erinnernden Blüten, wächst vorwiegend hängend und kommt deshalb auf einem Hochstamm veredelt am schönsten zur Geltung.

Kultur

Standort: sonnig bis halbschattig, windgeschützt.
Platzbedarf: mittelgroß, abhängig vom Schnitt.
Düngen: April bis August wöchentlich.
Pflege: häufiges Entfernen verwelkter Blüten und Blätter.
Schädlinge und Krankheiten: Blattläuse, Spinnmilben, Weiße Fliege.
Vermehrung: durch Stecklinge. Für den Liebhaber ist die Samenvermehrung zu empfehlen.
Schnitt: *Abutilon*-Hybriden können, des besseren Pflanzenaufbaus wegen, ein- oder mehrmals pro Jahr zurückgeschnitten werden.
Überwinterung: Oktober bis Mai bei vollem Licht und Temperaturen über 12 °C. Die Pflanze wächst und blüht weiter.
Wissenswertes: Nicht immer verursachen Viren nur Pflanzenschäden. Zahlreiche Abutilon-Sorten, wie *A. pictum*

***Abutilon*-Hybride, Schönmalve**

Rechte Seite oben:
Ardisia crenata,
Korallenbeere
siehe auch Seite 8

unten:
Asclepias curassavica,
Seidenpflanze

'Thompsonii' verdanken ihre dekorative gelb-grüne Blattpanaschierung einer Virusinfektion.

Aralien

Familie: Araliengewächse (Araliaceae)

Fatsia japonica, Zimmeraralie
Heimat: Japan, Korea
× *Fatshedera lizei*, Efeuaralie
(Fatsia japonica × Hedera helix)
Schefflera actinophylla, Strahlenaralie
Heimat: Australien, Neuguinea
Trevesia burckii, Trevesie
Heimat: Sumatra, Borneo

Unter den Araliengewächsen findet man zahlreiche Arten, die aufgrund ihrer interessant geformten Blätter als Zimmerpflanzen Verwendung finden. Manche von ihnen gedeihen während des Sommers besonders gut im Freien und wachsen dort zu imposanten, immergrünen Blattschmuckpflanzen heran.

Fatsia, × *Fatshedera* und *Schefflera* werden aufgrund ihrer guten Verzweigung zu stattlichen Büschen, *Trevesia* wegen ihrer geringen Verzweigung einstämmig herangezogen.
Besonders Fatsia dankt den Sommeraufenthalt im Freien mit schnellem kompakten Wachstum.

Trevesia burckii,
ein Araliengewächs

Kultur

Standort: schattig bis halbschattig.
Platzbedarf: gering bis mittelgroß.
Düngen: Mai bis September wöchentlich.
Pflege: keine besonderen Maßnahmen erforderlich.
Schädlinge und Krankheiten: keine besondere Anfälligkeit vorhanden.
Vermehrung: *Trevesia* durch Stecklinge oder Samen, × *Fatshedera lizei, Fatsia japonica* und *Schefflera actinophylla* werden durch Stecklinge vermehrt.
Schnitt: *Trevesia* benötigt aufgrund ihres langsamen Wachstums keinen Schnitt; die anderen Arten erhalten nach Bedarf einen Formschnitt.
Überwinterung: September bis Mai bei vollem Licht und Temperaturen über 5 °C; *Schefflera* und *Trevesia* verlangen Temperaturen zwischen 12–20 °C.
Wissenswertes: Vermehrt man Aralien durch Aussaat, sollte man sich nicht täuschen lassen. Die Jugendblätter der Aralien unterscheiden sich völlig von denen der erwachsenen Pflanzen. Erst nach Beendigung des Jugendstadiums erkennt man die gewünschte Blattform wieder.

Korallenbeere
Ardisisa crenata

Familie: Myrsinengewächse (Mysinaceae)
Heimat: Japan, Korea, China

Eine der wenigen Pflanzen, die ihren Schmuckwert überwiegend zierenden Früchten verdankt, ist die Ardisie. Dieser immergrüne, äußerst langsam wachsende Strauch wird nur 1,5 m hoch und gehört damit zu den kleinbleibenden Kübelpflanzen.

Ab Mitte Juli erscheinen über dem glänzend dunkelgrünen Laub zahlreiche Büschel von weißen, etwa 1 cm großen Blüten. Aus ihnen entwickeln sich im Laufe des Herbstes leuchtend korallenrot gefärbte Beeren, die die Pflanze auch während der folgenden Vegetationsperiode schmücken. Erst nach der neuen Blüte beginnen die Beeren des Vorjahres einzutrocknen.

Kultur

Standort: halbschattig bis schattig.
Platzbedarf: gering.
Düngen: Mai bis August 14tägig.
Substrat: Ardisien bevorzugen kalkarmes Substrat; bei Bedarf sollte deshalb mit physiologisch sauerem Stickstoffdünger (Schwefelsaures Ammoniak) nachgedüngt werden.
Pflege: keine besonderen Maßnahmen erforderlich.
Schädlinge und Krankheiten: keine besondere Anfälligkeit vorhanden.
Vermehrung: durch Samen oder Stecklinge, unter Folie bei Temperaturen um 25 °C.
Schnitt: nicht erforderlich.
Überwinterung: Oktober bis Mai bei vollem Licht und Temperaturen von 10–20 °C oder bei geringem Licht und Temperaturen von 5–15 °C: Die Beeren bleiben bei kühleren Temperaturen länger erhalten.
Wissenswertes: Die korallenroten Beeren bilden den eigentlichen Schmuck der Ardisie. Auch im Freiland kann man sich lange an ihnen erfreuen, denn im Gegensatz zu manch anderen Beeren werden diese Früchte nicht von den Vögeln gefressen.

Seidenpflanze
Asclepias curassavica

Familie: Schwalbenwurzgewächse (Asclepiadaceae)
Heimat: Tropisches Amerika

Bei der Seidenpflanze handelt es sich um einen immergrünen, kleinbleibenden Halbstrauch. Aufgrund seiner nicht vollständig verholzenden Zweige erreicht er nur eine Höhe von 40 bis

70 cm. Die schmalen, länglichen, 10 bis 15 cm langen Blätter sind grün bis rötlichgrün gefärbt und enthalten Milchsaft.

Von Mai bis September erscheinen zahlreiche Blütendolden mit jeweils 5—15 Einzelblüten. Jede davon ist zweifarbig, wobei immer fünf scharlachrote Kronblätter fünf orangegelbe Nebenkronblätter umrahmen.

Ab Juni erscheinen die etwa 10 cm langen, aufrecht stehenden und länglichen Früchte, aus denen zahlreiche Samen mit seidig glänzenden, 2,5 cm langen Samenhaaren hervorquellen. Es lohnt sich, den Samen im Winter auszusäen. Bereits im Frühsommer kommen die neuen Pflanzen zur Blüte.

Kultur

Standort: sonnig.
Platzbedarf: gering.
Düngen: Mai bis August wöchentlich.
Pflege: keine besonderen Maßnahmen erforderlich.
Schädlinge und Krankheiten: Weiße Fliege.
Vermehrung: durch Stecklinge oder Samen.
Schnitt: Im März sollten alle weichen Triebspitzen zwecks besserer Verzweigung entfernt werden.
Überwinterung: Oktober bis Mai bei vollem Licht und Temperaturen von 13—20 °C: Die Pflanze wächst, wenn auch vermindert, weiter. Oder bei geringem Licht und Temperaturen von 8—10 °C: Die Pflanze wird in eine Zwangsruhe versetzt und verliert sämtliche Blätter. Ihre Entwicklung im folgenden Frühjahr verzögert sich deshalb erheblich.
Wissenswertes: Der deutsche Name »Seidenpflanze« erinnert an den vergeblichen Versuch, die glänzenden Samenhaare zu Seide zu verarbeiten. Das in der Literatur als »vegetabilische Seide« bezeichnete Produkt erwies sich aber als viel zu brüchig, um je praktische Verwendung zu finden.

***Clivia miniata.* Die bekannte Zimmerpflanze gedeiht wesentlich besser, wenn sie im Sommer im Freien steht**

Clivie
Clivia miniata

Familie: Amaryllisgewächse (Amaryllidaceae)
Heimat: Südafrika

Als Zimmerpflanze ist die dekorative Clivie mit ihren riemenförmigen, immergrünen Blättern weit verbreitet. Weniger bekannt ist, daß ein sommerlicher Aufenthalt im Freien ihrem Wachstum und ihrem Blühverhalten außerordentlich gut bekommen.

Die langen Blütenschäfte mit den Dolden aus leuchtend orangefarbenen, trichterförmigen Blüten entwickeln sich nämlich nur, wenn kühlere Temperaturen von 5–15 °C mehrere Wochen lang auf die Pflanze einwirken. Diese Temperaturbedingungen ergeben sich meist am Anfang und gegen Ende jeder Kübelpflanzensaison, also im April, Mai und September, Oktober. Folgerichtig blühen ältere Freilandclivien, die sich aus zahlreichen Einzelpflanzen zusammensetzen, häufig zweimal im Jahr; ein Teil dieser Pflanzen blüht während der Sommermonate, ein weiterer Teil nach dem Einräumen im Herbst oder Winter.

Nach der Sommerblüte im Freiland setzt die Clivie leicht Früchte an. Die, je nach Sorte, kirschkern bis pflaumengroßen Früchte färben sich noch während der Wintermonate von Dunkelgrün zu Rot hin um und erhöhen auf diese Weise den Schmuckwert der Pflanze.

Kultur

Standort: schattig bis halbschattig.
Platzbedarf: gering.
Düngen: April bis September wöchentlich.
Pflege: Vorsicht beim Gießen: während Trockenheit von der Clivie gut vertragen wird, reagiert sie auf zu feuchtes Substrat mit dem Abstreben der fleischigen Wurzeln.
Werden die Blütenschäfte nur unvollständig ausgebildet, und bleiben die Blüten zwischen den Blättern »stecken«, liegt der Grund dafür in einer zu kurzen Einwirkdauer der niedrigen Temperaturen (5–15 °C).
Schädlinge und Krankheiten: keine besondere Anfälligkeit vorhanden.
Vermehrung: Durch Teilung großer Pflanzen oder durch Samen.
Schnitt: nicht erforderlich, zu große Pflanzen können geteilt werden.
Überwinterung: Oktober bis Mai bei vollem Licht und Temperaturen von 7–20 °C.
Wissenswertes: Die Clivie wurde erstmals 1854 der Königlichen Gartenbaugesellschaft in London vorgestellt. Ihren Namen erhielt sie zu Ehren von Lady Clive, der Herzogin von Northumberland.

Chinesischer Roseneibisch
Hibiscus rosa-sinensis

Familie: Malvengewächse (Malvaceae)
Heimat der Wildform: subtropisches und tropisches Asien
Hibiscus wird häufig als Busch, seltener auch als Hochstamm angeboten. Beide Wuchsformen eignen sich für eine Kultur als Kübelpflanze, bringen sie doch die äußerst zahlreichen und dekorativen Blüten wirkungsvoll zur Geltung. Oft zeigen neu gekaufte Pflanzen keinen oder nur wenig Längenzuwachs; solche Pflanzen wurden in der Gärtnerei mit chemischen Präparaten behandelt, damit sie eine möglichst kompakte und damit kleinbleibende Wuchsform beibehalten. Die Wirksamkeit dieser Präparate erstreckt sich über maximal zwei Jahre. Spätestens dann gewinnt auch ein gestauchter *Hibiscus* schnell an Höhe und Breite.

Blüten erscheinen ganzjährig, je nach Sorte, einfach oder gefüllt in den verschiedensten Farben. So findet man neben reinweißen, gelben, orangefarbenen oder leuchtend roten Formen auch zahlreiche pastellgetönte Typen mit intensiv gefärbtem Blütenschlund. Die

Hibiscus rosa sinensis, **Roseneibisch siehe auch Abbildung Seite 90**

Größe der Blüten variiert je nach Sorte zwischen 5 und 20 cm Durchmesser.

Obwohl jede Einzelblüte nur ein bis zwei Tage lang voll geöffnet ist, findet man den Roseneibisch im Sommer fast nie ohne offene Blüten vor. Unermüdlich bilden sich, jeweils am Neuzuwachs, Blütenknospen.

Kultur

Standort: sonnig bis halbschattig, windgeschützt.
Platzbedarf: gering bis mittelgroß; läßt sich durch Schnitt beliebig korrigieren.
Düngen: April bis August wöchentlich.
Pflege: Bei Standortwechsel oder Ballentrockenheit reagiert *Hibiscus* oft mit dem Abwurf aller Knospen. Mit dem folgenden Neuaustrieb bilden sich in der Regel jedoch schnell wieder neue Blüten.
Schädlinge und Krankheiten: Blattläuse, Spinnmilben.
Vermehrung: durch Stecklinge, die häufig sogar in Wasser Wurzeln bilden.
Schnitt: Da Blütenkospen am Neuzuwachs gebildet werden, sollte man nur einmal pro Jahr alle Zweige zurückschneiden. Ein mehrmaliger Rückschnitt würde auch ein mehrmaliges Entfernen aller Blütenknospen zur Folge haben.

Ein schlanker Stamm unter einem Schopf langstieliger Blätter – dieses dekorative und so typische Erscheinungsbild prägt viele Palmenarten. Es entsteht durch die speziellen Wachstumseigenschaften der Palmen, deren Stämme mit zunehmendem Alter zwar immer höher, aber nicht mehr dicker werden können.

Ein völlig anderes Aussehen weist dagegen die Steckenpalme auf. Durch Bildung zahlreicher Ausläufer wächst sie buschförmig und ähnelt damit eher einem Bambusstrauch. Ihre rohrartigen Sprosse sind nur 4–5 cm dick, können aber bis 5 m hoch werden.

Die prächtigen Blüten des *Hibiscus* bleiben meist nur einen Tag geöffnet

Unten: *Chamaerops humilis,* Fächerpalme

Als Schnittermin eignet sich sowohl der Oktober wie der Mai.
Überwinterung: Oktober bis Mai bei vollem Licht und Temperaturen von 12–20 °C: Die Pflanze wächst und blüht weiter.
Wissenswertes: *Hibiscus* beeindruckt nicht nur durch seinen hohen Zierwert. Bereits im Jahre 1885 schrieb Johannes Leunis in seiner ›Synopsis der Pflanzenkunde‹: »Man benutzt die Blüten auch, um Kopfhaar, Augenbrauen und auch Schuhe schön schwarz zu färben.«

Palmen

Familie: Palmengewächse (Palmae)

Chamaerops humilis, Zwergpalme
Heimat: westliches Mittelmeergebiet
Phoenix canariensis, Kanarische Dattelpalme
Heimat: Kanarische Inseln
Phoenix roebelenii, Zwergdattelpalme
Heimat: Laos, Assam
Rhapis excelsa, Steckenpalme, Bambuspalme
Heimat: China
Trachycarpus fortunei, Hanfpalme
Heimat: Japan, China
Washingtonia filifera, Washingtonie
Heimat: Kalifornien, Mexiko

Bei Palmen findet man zwei verschiedene Blattformen. Nach ihnen unterscheidet man Fächerpalmen – wie *Chamaerops humilis, Rhapis excelsa, Trachycarpus fortunei, Washingtonia filifera* – und Fiederpalmen – wie *Phoenix canariensis* und *Phoenix roebelenii.*

Kultur

Standort: schattig bis halbschattig *(Rhapis excelsa)*, alle anderen Arten sonnig bis halbschattig.
Platzbedarf: gering *(Chamaerops humilis, Phoenix roebelenii, Rhapis excelsa)*; gering bis mittelgroß *(Trachycarpus fortunei, Washingtonia filifera)*; mittel bis groß *(Phoenix canariensis).*
Düngen: Mai bis September 14tägig.
Pflege: gelegentliches Entfernen vertrockneter Blätter.
Schädlinge und Krankheiten: Spinnmilben, Schildläuse.
Vermehrung: durch Samen (alle Arten), *Rhapis excelsa* auch durch Teilung.
Schnitt: nicht erforderlich.
Überwinterung: Oktober bis Mai bei vollem Licht und Temperaturen von 12–20 °C. Die Pflanzen wachsen dann geringfügig weiter. Oder von Oktober bis April bei geringem Licht und Temperaturen von 5–10 °C.
Phoenix roebelenii und *Washingtonia filifera* sind am lichtbedürftigsten.
Wissenswertes: Unabhängig von ihrem Zierwert wurden Palmen schon immer als Nutzpflanzen angebaut; so auch die hier beschriebenen Arten:
Die Fasern des Stammes der Zwergpalme vermischte man mit Kamelhaar und verarbeitete es zu Teppichen, Stricken, Segeltuch und Zeltdecken.
Der Stamm der Kanarischen Dattelpalme wurde angebohrt, um ihren zuckerhaltigen Saft – sogenannten Palmhonig – zu gewinnen. Durch Vergärung wurde er zu Palmwein verarbeitet. Die Palmwedel lieferten Flechtmaterial für Matten und Körbe. Die dünnen Stämmchen der Steckenpalme nutzte man in China als Schirmstöcke.
Aus dem, an den Blattstielen reichlich vorhandenen Fasergewebe der Hanfpalme wurden Hüte, Bürsten, Matten, Mäntel und Besen hergestellt.

Palmenähnliche Agavengewächse

Familie: Agavengewächse (Agavaceae)

Beaucarnea recurvata,
Elefantenfußbaum
Heimat: Mexiko
Cordyline australis, Keulenlilie
Heimat: Neuseeland
Yucca aloifolia,
Yucca elephantipes, Palmlilie
Heimat: südliche USA, Mexiko

Manche Agavengewächse sehen den Palmen zum Verwechseln ähnlich: Auch hier ragt über einem verhältnismäßig schlanken Stamm ein dichter, immergrüner Blattschopf. Im Unterschied zu den echten Palmen kann der Stamm der Agavengewächse aber mit zunehmendem Alter weiter an Umfang zunehmen. Dieses Dickenwachstum wird besonders in Bodennähe beobachtet – bei älteren Pflanzen entsteht so ein flaschenförmig verdickter Stammfuß. Besonders deutlich tritt diese Erscheinung bei *Beaucarnea recurvata* auf, die im Deutschen deshalb den treffenden Namen »Elefantenfußbaum« trägt.

Bei allen hier vorgestellten Agavengewächsen handelt es sich in erster Linie um Blattschmuckpflanzen. Blütenstände werden nur von alten und dementsprechend großen Pflanzen gebildet. Meist sind diese Blüten klein und von weißlicher Farbe. Eine Ausnahme machen die Palmlilien; ihre eindrucksvollen Blütenstände weisen eine beachtliche Größe auf. Einige *Yucca*-Arten, wie *Y. filamentosa*, sind bei uns auch als winterharte Gartenpflanzen bekannt.

Kultur

Standort: sonnig bis halbschattig.
Platzbedarf: mittelgroß.
Düngen: in den Monaten Mai bis September 14tägig.
Pflege: keine besonderen Maßnahmen erforderlich.
Schädlinge und Krankheiten: Schildläuse.
Vermehrung: durch Stammstecklinge oder Samen; sie sollte vorzugsweise Gärtnereien überlassen werden.
Schnitt: nicht erforderlich.
Überwinterung: Oktober bis Mai bei vollem Licht und Temperaturen von 12–20 °C, oder bei geringem Licht und Temperaturen von 5–10 °C.
Wissenswertes: Die dekorativen Blütenstände von *Yucca aloifolia* und *Y. elephantipes* können auch als Frischgemüse verzehrt werden. Besonders letztere wird in den Ländern Mittelamerikas häufig als Heckenpflanze angebaut und liefert dementsprechend große Mengen an Blüten.

Melonenstrauch, Pepino
Solanum muricatum

Familie: Nachtschattengewächse (Solanaceae)
Heimat: Südamerika

Der breitbuschige, immergrüne Melonenstrauch wächst bis zu einer Höhe von 0,5–1 m heran. Er ist dicht belaubt mit lanzettlich geformten, 5–7 cm großen, glänzenden Blättern. Ab Juni erscheinen fortlaufend bis in den Herbst die 1,5 cm großen, weiß bis hellblau gefärbten Blüten, aus denen sich zahlreiche Früchte entwickeln, deren Form eiförmig ist.

Durch das zunehmende Gewicht der wachsenden Früchte werden die Zweige herabgezogen; der Melonenstrauch kommt deshalb als Ampelpflanze am schönsten zur Geltung. Die äußerst wohlschmeckenden, in ihrem Aroma an Honigmelonen erinnernden Früchte werden bis zu 12 cm lang und reifen von September bis Dezember noch an der Pflanze heran. Eine reife Frucht erkennt man leicht an ihrer glänzend gelben Schale, die eine auffällig violettfarbene Maserung trägt. In diesem Zustand eignen sich »Pepinos« besonders zum Rohverzehr oder als delikater Bestandteil in Salaten.

Abbildung *Solanum*
Seite 6 und 86

Kultur

Standort: sonnig bis halbschattig.
Platzbedarf: gering.
Düngen: Mai bis August wöchentlich.
Pflege: keine besonderen Maßnahmen erforderlich.
Schädlinge und Krankheiten: Blattläuse, Spinnmilben, Weiße Fliege.
Vermehrung: durch Stecklinge.
Schnitt: Im Frühjahr werden, des besseren Pflanzenaufbaus wegen alle Triebe etwas zurückgeschnitten.
Überwinterung: Oktober bis Mai bei vollem Licht und Temperaturen von 10–20 °C. Die Pflanze wächst weiter; alle sich an der Pflanze befindenden Früchte reifen noch aus.
Wissenswertes: Bereits zur Zeit der spanischen Eroberer waren die Früchte des Melonenstrauchs bei den südamerikanischen Indianern hoch geschätzt. Noch heute wird er in größerem Umfang in Ekuador, Peru, Bolivien sowie einigen Staaten Mittelamerikas angebaut.

Folgende an anderer Stelle beschriebene Pflanzen können ebenfalls hell und warm (15–20 °C) überwintert werden:

Araucaria heterophylla (s. Seite 34)
Bougainvillea spectabilis (s. Seite 60)
Musa acuminata (s. Seite 58)

Oben:
Phoenix roebelenii (links) und *Washingtonia filifera* (rechts)

Rechte Seite:
Beaucarnea recurvata, Elefantenfuß, mit Kübel eingesenkt
Rechts:
Solanum muricatum, Melonenstrauch

Verzeichnisse

Weiterführende Literatur

Geschichte und Geschichten um Kübelpflanzen

Blond, A.: Die Gaertnerey. Verlegts Johann Andreas Pfeffel, Augspurg 1731. Nachdruck: Verlag Dr. Richter GmbH, München 1986.

Leunis, J. und *A. B. Frank:* Synopsis der Pflanzenkunde. Hahn'sche Buchhandlung, Hannover 1885.

Botanik und Kultur verschiedener Pflanzen

Bailey, L. H.: Hortus Third, MacMillan Publishing Co., New York, Collier MacMillan Publishers, London 1977.

Beers, L. und *J. Howie*: Growing Hibiscus. Kangaroo Press, Kenthurst 1990.

Encke, F.: Kalt- und Warmhauspflanzen. Arten, Herkunft, Pflege und Vermehrung. Verlag Eugen Ulmer, Stuttgart 1987.

Encke, F.: Kübelpflanzen. Verlag Eugen Ulmer, 2. Aufl., Stuttgart 1987.

Encke, F. (Hrsg.): Pareys Blumengärtnerei, Verlag Paul Parey, Berlin und Hamburg.

Encke, F., G. Buchheim und *S. Seybold*: Zander, Handwörterbuch der Pflanzennamen. Verlag Eugen Ulmer, Stuttgart 1984.

Erhardt, A. und *E.*: Pflanzen-Einkaufsführer. Verlag Eugen Ulmer, Stuttgart 1990.

Evard, B. und *B. D. Morley*: Wildpflanzen der Welt, F. A. Herbig Verlagsbuchhandlung, München · Berlin 1971.

Fischer, P.: Kamelien. Fröhlich Druckerei, Verlag u. Werbung GmbH, Celle 1986.

Frank, R.: Zwiebel- und Knollengewächse. Verlag Eugen Ulmer, Stuttgart 1986.

Krüssmann, G.: Handbuch der Laubgehölze. Verlag Paul Parey, Berlin und Hamburg 1976/78.

Lötschert, W.: Palmen. Botanik, Kultur, Nutzung. Verlag Eugen Ulmer, Stuttgart 1985.

Maatsch, R. (Hrsg.): Pareys Zimmerpflanzen Enzyklopädie. Verlag Paul Parey, Berlin und Hamburg 1983.

Manthey, G.: Fuchsien. Verlag Eugen Ulmer, Stuttgart 1987.

Manthey, G.: Schöne Fuchsien. Verlag Eugen Ulmer, 2. Aufl., Stuttgart 1991.

McCurrach, J. C.: Palms of the World. Harper & Brothers, New York 1960.

Michel, H., H. Umgelter und *F. Merz*: Pflanzenschutz im Garten. Verlag Eugen Ulmer, 2. Aufl., Stuttgart 1991.

Pal, B. P.: Bougainvilleas. Indian Council of Agricultural Research, New Delhi 1974.

Preissel, H. G. und *U. Preissel*: Brugmansia (Datura) Engelstrompeten. Verlag Eugen Ulmer, Stuttgart 1991.

Kulturverfahren

Köhlein, F.: Pflanzen vermehren. Aussaat, Teilung, Stecklinge, Ableger. Verlag Eugen Ulmer, Stuttgart 1989.

Wright, R. C. M.: So vermehrt man Pflanzen im Zimmer, im Garten und im Gewächshaus. Verlag Paul Parey, Berlin und Hamburg 1978.

Heddergott, H. und *T. Kock*: Gärtners Pflanzenarzt. Landwirtschaftsverlag Münster-Hiltrup 1988.

Bezugsquellen

Viele der vorgestellten Kübelpflanzen sind in größeren Gärtnereien und gut sortierten Gartencentern erhältlich. Einige Spezialbetriebe, die sich bevorzugt mit Kübelpflanzen beschäftigen, werden nachfolgend aufgeführt. Außerdem sei auf den PPP-Index, Pflanzeneinkaufsführer für Europa, von Anne und Walter Erhardt hingewiesen (siehe Literaturverzeichnis).

Rudolf und Klara Baum
Scheffelrain 1
71229 Leonberg
Tel. 07152/27558

Peter Klock
Stutsmoor 42
22607 Hamburg
Tel. 040/891639

Christoph und Maria Köchel
Königsgütler 5
84072 Au/Hallertau
Tel. 08752/1238

G. Koitzsch
Arheilger Straße 16
64390 Erzhausen/Darmstadt
Tel. 06150/6147

Klaus Pfitzer
Täschenstraße 51
70736 Fellbach
Tel. 0711/581370

Gudrun Steininger
Dr.-Winklhofer-Straße 22
94036 Passau
Tel. 0851/81831

Lantana-Camara-Hybride, dahinter Hibiscus in besonders standfesten Kübeln.

Auf einer großen Terrasse wie dieser finden viele Kübelpflanzen Platz.

Deutsche und botanische Pflanzennamen

Affenschwanztanne – *Araucaria araucana*
Agave – *Agave americana*
Ananas-Guave – *Acca sellowiana*
Bambuspalme – *Rhapis excelsa*
Baum der Hoffnung – *Clerodendrum bungei*
Baumfarn – *Dicksonia antarctica*
Bleiwurz – *Plumbago auriculata*
Blutblume – *Haemanthus*
Calamondin – × *Citrofortunella mitis*
Chilenische Schmucktanne – *Araucaria araucana*
Chinesischer Roseneibisch – *Hibiscus rosa-sinensis*
Clivie – *Clivia miniata*
Drillingsblume – *Bougainvillea*
Efeuaralie – × *Fatshedera lizei*
Eisenholzbaum – *Metrosideros excelsa*
Elefantenfußbaum – *Beaucarnea recurvata*
Engelstrompete – *Brugmansia*
Erdbeerbaum – *Arbutus unedo*
Feijoa – *Acca sellowiana*
Flanellstrauch – *Fremontodendron californicum*
Fleißiges Lieschen – *Anisodontea capensis*
Fuchsie – *Fuchsia*
Gauklerblume – *Mimulus aurantiacus*
Goldglockenstrauch – *Tecoma*
Granatapfel – *Punica granatum*
Hammerstrauch – *Cestrum*
Hanfpalme – *Trachycarpus fortunei*
Hundertjährige Aloe – *Agave americana*
Japanische Faserbanane – *Musa basjoo*
Japanischer Palmfarm – *Cycas revoluta*
Kamelie – *Camellia*
Kanarische Dattelpalme – Phoenix canariensis
Kashmirbouquet – Clerodendrum bungei
Kerzenstrauch – *Cassia didymobotrya*
Keulenlilie – *Cordyline australis*
Klebrige Affenblume – *Mimulus aurantiacus*
Korallenbeere – *Ardisia crenata*
Korallenstrauch – *Erythrina crista-galli*
Laurustinus – *Viburnum tinus*
Liebesblume – *Agapanthus praecox*
Lorbeerbaum – *Laurus nobilis*
Melonenstrauch – *Solanum muricatum*
Myrtenblättrige Pomeranze – *Citrus aurantium* var. *myrtifolia*
Nachtschatten – *Solanum rantonnetii*
Norfolktanne – *Araucaria heterophylla*
Oleander – *Nerium oleander*
Pagodenbaum – *Araucaria*
Palmlilie – *Yucca*
Pepino – *Solanum muricatum*
Pomeranze – *Citrus aurantium*
Rosenlorbeer – *Nerium oleander*
Samtveilchen – *Tibouchina urvilleana*
Scheineller – *Clethra arborea*
Schmucklilie – *Agapanthus praecox*
Schönmalve – *Abutilon*
Seidenpflanze – *Asclepias curassavica*
Steckenpalme – *Rhapis excelsa*
Strahlenaralie – *Schefflera actinophylla*
Strauchmargerite – *Chrysanthemum frutescens, Euryops athanasiae*
Strauchveronika – *Hebe*
Tecomaria – *Tecomaria capensis*
Trevesie – *Trevesia burckii*
Tropischer Veilchenstrauch – *Tibouchina urvilleana*
Veilchenstrauch – *Iochroma*
Wandelröschen – *Lantana*-Camara-Hybriden
Washingtonie – *Washingtonia filifera*
Zierbanane – *Ensete ventricosum*
Zieringwer – *Hedychium gardnerianum*
Zigarettenblümchen – *Cuphea ignea*
Zimmeraralie – *Fatsia japonica*
Zimmertanne – *Araucaria heterophylla*
Zistrose – *Cistus*
Zitrone – *Citrus limon*
Zwergbanane – *Musa acuminata*
Zwergpalme – *Camaerops humilis*
Zwergdattelpalme – *Phoenix roebelenii*
Zylinderputzer – *Callistemon*

Register

Sternchen verweisen auf Abbildungen

Wenn Ihnen der Sinn nach mehr steht.

Eine interessante Lektüre für alle, die den Einstieg in die kleine Welt der Bonsais finden möchten und dabei lieber Gehölze verwenden, die im Lande wachsen.

Wolfgang Kohlhepp
Schöne Bonsais aus heimischen Gehölzen
1995. 112 Seiten, 52 Farbfotos, 68 Zeichnungen
ISBN 3-8001-6479-5

Dieses Werk „Kübelpflanzen" ist die richtige Empfehlung für alle, die mit dem vorliegenden Buch aus der »Schönen Reihe« am Thema gefallen gefunden haben und ihr Wissen und die Freude an den Kübelpflanzen vertiefen wollen.

Die Zahl der behandelten Pflanzen ist groß. Auch etwas schwieriger zu pflegende Arten sind aufgeführt, da gerade diese Herausforderung sehr interessant sein kann. Dazu finden sich viele kompetente Ratschläge zur Kultur und Pflege (Licht, Temperatur, Wasserversorgung, Düngung, Pflanzenschutz, Umtopfen, Schnitt, Vermehrung).

Wolfgang Kawollek. ***Kübelpflanzen.*** *Südländische Gehölze für die Kultur in Töpfen und Kübeln. 1995. 435 Seiten, 296 Farbfotos, 32 Zeichnungen. Leinen mit Schutzumschlag. Format 21,5 cm x 27,0 cm. ISBN 3-8001-6571-6*

Die Autorin zeigt in stimmungsvollen Bildern und Texten die vielen Möglichkeiten, in Töpfen und mit Töpfen zu gärtnern. Sie zeigt klassisch inspirierte Ensembles, rustikale Zusammenstellungen und den Jahresablauf im eigenen heiteren Topfgarten.

Es ist überraschend zu erfahren, was man alles machen kann und welche Chancen beispielsweise ein noch so kleiner Balkon zu bieten hat. Der besondere Reiz des Buches liegt in der Vermittlung einer bildhaften Freude an Pflanzen und Gefäßen und eines fachlichen und zugleich spielerischen Umgangs mit ihnen, der gleichzeitig auch rasche Erfolge verspricht.

Ellen Fischer. ***Das Topfgartenbuch.*** *Gärtnern in Töpfen, Terrakotten und Kübeln. 2. Auflage 1996. 221 Seiten, 130 Farbfotos, 46 Zeichnungen. Leinen m. Schutzumschlag. Format 19,0 cm x 25,0 cm. ISBN 3-8001-6598-8*

E.U.
VERLAG
EUGEN
ULMER